西南二十一世纪中等职业教育
课程改革新大纲教材

中职生
实习指导

Zhongzhisheng Shixi Zhidao

主编 于一才

四川大学出版社

责任编辑:张　玲
责任校对:许　奕
封面设计:静　心
责任印制:李　平

图书在版编目(CIP)数据

中职生实习指导 / 于一才等主编. —成都:四川
大学出版社,2010.8
　ISBN 978－7－5614－4951－6

Ⅰ.①中…　Ⅱ.①于…　Ⅲ.①教育实习－专业学校－
教学参考资料　Ⅳ.①G718.3

中国版本图书馆 CIP 数据核字(2010)第 154097 号

书　名	中职生实习指导	
主　　编	于一才　等	
出　　版	四川大学出版社	
地　　址	成都市一环路南一段 24 号 (610065)	
发　　行	四川大学出版社	
书　　号	ISBN 978－7－5614－4951－6	
印　　刷	郫县犀浦印刷厂	
成品尺寸	185 mm×260 mm	
印　　张	9.5	
字　　数	222 千字	
版　　次	2010 年 8 月第 1 版	
印　　次	2015 年 6 月第 2 次印刷	
定　　价	25.00 元	

◆读者邮购本书,请与本社发行科联系。
　电话:(028)85408408/(028)85401670/
　(028)85408023　邮政编码:610065
◆本社图书如有印装质量问题,请
　寄回出版社调换。
◆网址:http://www.scup.cn

前　言

为了适应社会发展对各种技能型人才的迫切需求，为了加强对职业教育的正确引导，促进职业教育快速稳定地发展，国务院颁布了《关于大力发展职业教育的决定》（以下简称《决定》）。《决定》明确要求：积极推进职业教育办学思想的转变，坚持"以服务为宗旨、以就业为导向"的职业教育办学方针；大力推行工学结合、校企合作的培养模式，加强学生的生产实习和社会实践；中等职业学校在校学生（以下简称中职生）最后一年要到企业等用人单位顶岗实习，高等职业院校学生实习、实训时间不少于半年。

实习是职业院校实践教学的主要形式之一，是技能型人才培养的重要环节，是职业院校学生在学校和企业等用人单位的组织下，直接参与生产、管理或服务工作岗位实践的过程。实习对于职业院校学生了解工作岗位、熟悉岗位规范、培养职业意识、提高职业技能、养成良好的职业行为习惯和职业道德品质等，都具有很重要的作用。

本教材是针对实习在现阶段职业教育（尤其是中等职业教育）发展中的重要性而编写的。全书共分七章：第一章探讨中职教育实习的基本理论及现状；其余六章分别论述了"实习的组织和实施"、"实习与职业能力和素质的培养"、"实习与就业的准备"、"实习与企业文化"、"实习与劳动安全保障"、"实习的升华——自主创业"等内容。教材主要介绍了中职学校、实习企业、中职实习生在实习过程中应做的各项准备工作。而实习过程中实习生应具备哪些基本素质、应做好哪些基础工作、可能遇到哪些重大问题以及如何避免或解决这些问题等方面的内容是本书的主体所在。本教材通过向中职生全面而系统地介绍"实习"的相关内容，帮助中职生更好地认识和把握实习这一重要实践教学活动，指导中职生正确处理实习过程中可能出现的状况，提高中职生应对社会和职场上各种问题的能力，全面提升中职生的综合素质，为其日后顺利地走向工作岗位并在岗位上实现自己的人生价值打下坚实的基础。

本教材的特色主要体现在以下三个方面：

1. 系统性

教材从对实习概念的界定和阐释入手，以眼下中职生实习活动中存在的问题为切入点，综合论述了"实习"这一实践教学过程的每一环节中的注意事项。基本上做到了体系完整，全景关照，少有遗漏。教材按照"实习前准备—实习中操作—实习后打算"的结构来安排章节，充分体现了实习活动的"历时性"特征。与此同时，在相关实习环节的论述中，教材又采取了实习参与"三方"——中等职业学校、实习企业、实习生分别论述的结构，从而体现了实习活动的"共时性"特征。纵横交错的论述结构使得本教材极具系统性。

2. 针对性

教材对实习各个环节中存在的问题的探讨都具有极强的现实针对性。中职教育发展至今，已经积累了大量的实习案例。实习过程中出现过的各种问题大多都是有例可证的，有前车可鉴的。教材中着力探讨的实习相关问题基本上都是中职生在实习过程中最容易碰到的问题。

3. 实用性

针对实习过程中实习生可能遇到的种种问题，教材中都给出了相应的对策。这些对策是中职教育从业者或研究者们在借鉴了大量的中职学校实习的成功经验后总结出来的。因此，教材中针对不同问题提出的对策极具实用性和可操作。

在编写分工上，第一章由于一才、廖英群、覃文显负责编写，第二章由王泽伟、李建平、黄林、覃富造负责编写，第三章由谭永刚、马明骏、赖锦声负责编写，第四章由莫世创、游团忠、覃海富、韦汉勋负责编写，第五章由樊干灵、黄世吉、罗中位负责编写，第六章由廖材美、黄景彪、黄广念负责编写，第七章由陆英、杨光明、胡赞峰负责编写，最后全书由吕麟、韦必泉审定整理。

本书在编写过程中参考了许多有关单位和学者的研究成果，在此一并致谢。由于编者水平有限和编写时间仓促，教材中难免存在许多不足之处，恳请同行专家和广大读者批评指正，提出宝贵的意见和建议，以便我们日后修改。

编　者
2010 年 7 月

主审

吕　麟　韦必泉

主编

于一才　廖英群　覃文显　王泽伟　李建平

副主编

黄　林　覃富造　谭永刚　马明骏　赖锦声　莫世创　游团忠

参编

覃海富　韦汉勋　樊干灵　黄世吉　罗中位　廖材美

黄景彪　黄广念　陆　英　杨光明　胡赞峰

目　录

第一章　中职教育实习的基本理论及现状

中职教育是我国高中阶段教育的重要组成部分，担负着培养数以亿计高素质劳动者的重要任务，是我国经济社会发展的重要基础。当前，中职教育在快速发展中也出现了一些问题。我们要以科学发展观为指导，认真审视中职教育发展现状，抓住发展机遇，明确发展思路，破解发展难题，促进中职教育又好又快发展。

第一节　中职教育面临的发展机遇与问题

一、中职教育迎来前所未有的发展机遇

1996 年国家颁布《中华人民共和国职业教育法》，2002 年国务院作出《国务院关于大力推进职业教育改革与发展的决定》，2005 年国务院发布《国务院关于大力发展职业教育的决定》。但是，由于相关的实施细则和具体措施没有及时出台，一段时期以来，中职教育仍然在艰难中前行。

党中央、国务院高度重视中职教育，采取了一系列政策措施促进中职教育发展。2008年，随着发展职业教育的各项政策出台，各地实施职业教育攻坚计划，职业教育的春天正在来临。我国已把职业教育发展作为经济社会发展的重要基础和教育战略重点，"十一五"期间，中央财政将拿出 100 亿元用于加强职业教育基础能力建设，每年中央和地方财政将拿出近 180 亿元建立健全中职学生资助政策体系。温家宝总理在 2009 年年初召开的国家科技教育领导小组会上的讲话特别强调，在整个教育结构和教育布局中，必须把职业教育摆在更加突出、更加重要的位置。2009 年 12 月 2 日国务院常务会议决定，从 2009 年秋季学期起，对公办中等职业学校全日制在校学生中农村家庭经济困难学生和涉农专业学生逐步免除学费。目前，已有 90% 的中职学生一、二年级享受每年 1500 元的国家助学金。

从统计数据上看，"十一五"以来，中职教育实现了快速扩张。到 2007 年，全国中职学校招生总数 651 万人，在校生 16198590 人。2008 年，全国中职学校招生突破 810 万人，在校生规模突破 2000 万人。2009 年全国中职学校招生目标是 860 万人。

目前，中职教育迎来了三个"前所未有"的发展机遇：一是国家的重视程度前所未有，二是国家的资金投入前所未有，三是发展速度和规模前所未有。当前，我们要坚持以科学发展观为指导，紧紧抓住千载难逢的发展机遇，不断改善和完善办学设施，提高教育质量和办学效益，推动中职教育又好又快发展，办人民满意的职业教育。

二、中职教育发展面临的主要问题

当前中职教育的快速发展也带来一系列问题，其发展的"瓶颈"问题正日益凸显，对中职教育的可持续发展带来隐忧。

1. 中职教育吸引力不足

中职教育的社会认可度低，许多家长宁愿支付高额借读费或择校费送子女去普通高中，也不愿意把孩子送进中职学校。老百姓和初中学生认同职业教育的比例极小。据专家面向 10 万名中小学及家长、教师的调查数据显示，只有不到 5％的家长期望自己的子女进入中、高职学校学习，10.5％的学生自愿选择到中、高职学校就读。大多数学生选择中职学校就读是无奈的选择，实在升不了高中才进中职学校。在社会上多数人的眼中，中职学校是智力平平、不思进取的初中毕业生的收容所，中职学校学生给人以形象差、学习差、品德差的印象。中职教育的社会认同感低，中职学校的招生遭遇"寒流"。从表面上看，我们面临的困难是生源不足，其根源则是职业教育的吸引力不足。

2. 中职教育基础薄弱

中职教育是整个教育最薄弱的环节，虽然在规模上取得了突破，但发展的基础并不牢固。

一是"硬件"建设滞后。十多年来，政府对中职教育的投入不足，致使目前中职学校硬件设施跟不上扩大办学规模的要求，用地不足，校舍面积不足，教学设备不足，一些专业的教学设备几乎空白。

二是师资配备薄弱。中职学校教师缺口大，数量不足，结构不合理，"双师型"专业教师短缺，师资稳定缺乏保障，难留住高水平的教师。中职教育发展的最大"瓶颈"在师资配置。

三是学校经费不足。前几年不少学校为了生存发展，借贷投资而负债累累，严重影响学校的后续发展。

四是招生难。社会对中职教育的认同感以及就业的政策环境和形势，对中职招生有极大的影响。发展中职教育，政府急（行政命令驱动），学校热，社会（家长、学生）冷。"招生难，难招生"是中职学校共同的感受和最大压力，只好分指标、压任务给教职工，学校领导、教职工每年都为招生而愁眉苦脸。学校每年都要花大量的人力、物力、财力，招生成本相当大，但效果不理想，难以招到足额的生源。

3. 中职教育"泡沫化"

职业教育攻坚是一项政治任务，政府推动，层层督查，要求初中学校要完成送生任务，中职学校要完成招生录取任务。因此，中职学校招生虽有较大突破，但水分也不少。完成录取任务容易，实际完成招生任务难。把录取数等同于实际招生数，把实际招生数等同于在校学生数，是没有实际意义的。中职学校学生辍学或隐性辍学的相当多，学生流失率高。各学校实际招到的学生人数与录取人数差距相当大，有的差距达 50％以上。因此，必须从实际出发，实事求是，重新审视中职教育的发展现状，才能推动中职教育走上科学发展的道路。

4. 中职教育质量下滑

中职学校招生的主要对象是初中毕业生。中职学校的招生没有门槛，学生的整体素质急剧下降，生源素质一届比一届低。进入中职学校就读的学生整体素质处于"低端"状态，缺乏明确的学习目标，缺乏持久的学习动力，思想品质、心理素质和行为习惯等方面存在诸多问题，教学和管理的难度大、压力大。中职学校想尽一切办法，采取各种措施，加强管理，改进教学，但效果并不理想，教育教学质量整体还是较低，多数毕业生综合素质偏低，缺乏后续发展力，这也是中职学校的社会认同感低的最主要原因。

三、发展中职教育需要各方面的努力

面对中职教育发展的缺陷和不足，我们应该冷静而理性地思考和分析，创新工作思路，破解发展难题。为此，要从两方面着手：一方面，亟须政策的保护与扶持，这是政府的责任所在；另一方面，要提高质量，增强中职教育的吸引力，这是中职学校要努力加以解决的课题。

1. 各级政府：全力统筹推进

职业教育是教育事业的重要组成部分，是全面提高劳动力素质的基础工程。要保证职业教育快速健康持续发展，离不开政府的统筹推进。

（1）统筹中职学校的布局。

做大做强职业教育，必须加强职教资源统筹。中职学校长期存在着小而全、小而散的"小作坊"现象，低水平重复建设比较普遍，严重浪费国家资源，难以形成规模效应。随着未来几年初中毕业生总量逐年减少，有必要加大学校布局调整力度，将办学规模过小或目前招生艰难的学校合并，实现规模办学，促进学校的优质发展。不仅在县域统筹规划整合资源，更重要的是打破行政区划界限和原有学校管理体制的界限，实行区域统筹规划，整合资源，壮大规模，优化布局。

政府及教育行政部门要本着求真务实的精神，深入调研，进一步理清中职教育的发展思路，实事求是推进中职教育的发展。实施职教攻坚，要扶优扶强，分步推进，不搞"遍地开花"。应优先扶持市级职业学校和办学基础较好的县级中职学校，同时支持基础较好、有一定办学实力的县级中职学校提升水平。条件较差的县级中职学校以办短期培训班为主，逐步提高办学水平。

（2）统筹中职学校的发展规模。

邓小平曾说过，发展起来以后的问题不比不发展时少。实施职教攻坚计划，许多中职学校提出要"做大做强"，这存在一定的盲目性。学校规模过大，管理水平、管理手段、管理技术跟不上，教学质量没有保障，会自贬形象，自损声誉。要用科学的思维方法，做好统筹规划，充分考虑有利因素和不利因素，科学地确定发展规模。

当前，由于政府驱动，职业教育有所发展。根据预测，几年后初中毕业生将减少，一些职业学校并不能实现其所预期的"做大做强"，可能如同农村一些希望工程学校那样成为一个空壳学校，造成巨大的浪费。因此，要认真调查和预测当前及今后中职学校的生源状况，统筹规划中职学校的招生规模，确保中职学校可持续发展，避免教育资源的浪费。

中职生实习指导 ZHONG ZHI SHENG SHI XI ZHI DAO

（3）统筹普高与中职的均衡发展。

普高招生热火朝天，中职招生冷冷清清。政府应将高中阶段教育发展的重点放在职业教育，合理确定普高与中职的招生比例，在招生政策上向中职学校倾斜，不断优化高中阶段教育结构。一些有识之士提出，在完成普及义务教育以后，要着手普及中职教育，这是很有见地的。如果普及中职教育，中职教育的大发展就有更可靠的基础。

2. 中职学校：提高质量

职业教育的规模、质量、效益的内在统一，是教育事业科学发展的基本要求。职业教育必须认真贯彻党和国家的教育方针，以素质教育为主题，以提高质量为核心，这是实现科学发展观的必然要求。

吸引力是长期困扰职业教育发展的问题。增强职业教育的吸引力，才能保证职业教育持续发展，才能突破职业教育发展的瓶颈。增强中职教育的吸引力，必须抓住教学质量这个核心。

质量是职业教育的生命，只有不断提高教育质量，才能办出人民满意的职业教育，才能不断增强职业教育的服务力和贡献力。学校教学质量过关，学生技术过硬，学生有发展后劲，职业教育才能实现可持续发展。

中职学校要坚持"以服务为宗旨，以就业为导向"的职业教育方针，积极探索和总结校企合作、工学结合、半工半读的人才培养模式的经验，促进职业教育与产业发展的有机结合，建立和完善毕业生就业体系，推动中职学校又好又快发展。

过于追求数量扩张而忽视职业教育的内涵建设，最终会损害中职教育的发展。这种状况应当引起我们的重视和警觉，并采取有力措施加以调整和扭转。因为，又好又快发展是科学发展观的本质要求，也是职业教育发展的基本要求。

3. 中职学校应把培养应用型人才作为主要目标

目前就业市场面临的矛盾是中职毕业生就业困难，有大量毕业生不能及时就业，而用人单位也难以找到适合的人才。一方面，随着中职生人数的增加，毕业生在就业方面增加了一定的压力；另一方面，由于技术进步，国民经济的发展，用人单位大量采用新工艺、新技术，企业技术日趋密集，用人单位对人才的要求也大大提高。可以看到，我们的中职教育还不适应社会科学技术的发展，要解决这一矛盾并不容易，需要一个探索的过程。目前我国中职教育经过多年的探索和发展，有很多合理和先进的因素，尤其是在基础理论教育方面，学生受到了较好、较扎实的训练。而通过加强毕业前的实习教学，即加强和改进毕业实习的教学及管理，可以很大程度上缩短毕业生从课堂到岗位的适应期，缓解就业难与找人才难的矛盾。

第二节　实习在中职教育中的重要作用

一、实习的定义和特点

1. 实习的定义

所谓实习，简而言之，就是"把学到的知识拿到实际工作中去应用和检验"。学生经

4

过一定的学习阶段后，在教师的指导和组织下，从事一段实际工作，将所学的专业技术理论知识运用到实际工作中，通过实际工作验证所学知识，掌握和提高有关实际工作技能的教学过程。

实习通常是一种阶段性的教学活动，除各科的课堂教学如物理、化学、数学、自然常识以及中职的有关专业学科需要进行学科性实习外，中职和一些专业技术学校还要定期进行综合性实习。

2. 实习的特点

与课堂的理论讲授相比，其一，实习的目的不同。实习着眼于培养学生理论联系实际的能力、劳动观念、集体主义观念和艰苦奋斗精神。其二，实习的实践性更为突出。让学生在亲身参与中以体验的方式提高认识能力和动手能力。理论授课教师讲授得多，学生参与得少，某种程度上更多的是学生被动接受知识，而在这种参与式、体验式的实习中，学生的主体性和主动性可以得到较好的发挥，有利于知识向能力和素质转化。其三，实习具有阶段性和层次性，不同阶段有不同的安排，如一年级学生更多安排社会实践和认识实习，增强学生对社会的认识和专业的认知。二、三年级学生进行生产实习，提高实践能力，培养创新精神。毕业年级生参与毕业实习，提高职业素质，为顺利就业打下基础。其四，实习具有检验性的特点，特别是毕业实习直接与社会接轨，它既是对学生个人综合成果的检验，也是对学校教学质量、教学效果的检验。

二、实习的种类

专业生产实习是学生在教师或技术人员的指导下，结合教学和生产的需要，以实际生产者和管理者的身份，直接接触和参与生产和管理的过程，重点掌握专业技能，并获得相应的经营管理知识，巩固、丰富和提高专业理论水平。实习的种类很多，可以从纵和横两个角度对此予以认识。从纵向的角度（即从实习教学的阶段性）而言，专业生产实习教学一般可分为认识实习、操作实习、课程实习、生产实习和毕业实习五种。有些专业的实习则有删减和合并，有些学校或专业对不同阶段实习的称谓也有所不同。

1. 认识实习

认识实习也称入门实习，一般是指在新生入学后到专业课教学开始之前，结合专业劳动和专业实践而进行的专业初步认识。低年级学生一般在老师和技术人员的带领和指导下，到生产现场、车间、实验室等地方进行参观或初步操作，或与高年级学生生产性实习混合编排，以高带低，让低年级的学生初步了解生产环境、生产对象、生产过程、生产产品种类和质量等专业相关情况，帮助学生对所学专业有一个总体的感性认识，并了解专业现状和发展趋势，为进一步学好专业积累一定的专业思想基础。认识实习主要以参观、听、问为主，也可安排学生进行一定的专业社会调查和分析，并鼓励学生走出校门，到社会中调查和了解所学专业的基本情况、社会需求，激发学生的学习兴趣和自主性。

2. 操作实习

操作实习也称练功实习，主要是指学生在教师和技术人员的指导下，直接从事专业性或生产性的实际操作，可进行单项或多项实际操作。一般安排在二年级及以后的专业实践课中进行。学生以操作为主，重点掌握操作方法和技巧，以能干、会干、熟练为出发点，为掌握专业理论和技能打好基础。

3. 课程学习

课程学习也称教学实习，一般是指专业基础课和专业课的某一部分或全部内容讲授完成后，进行理论与实践相结合的实习活动。各类专业尤其是实践性强的课程，一般都要根据课程教学的需要进行适当安排。一般在理论课讲授完毕和平时实验课完成的基础上，利用比较集中的时间，在教师和技术人员的指导下，组织学生运用已学的知识，集中训练一项或多项实践技能。大多数学校安排在校内实习基地进行。

4. 生产实习

生产实习也称专业实习，主要是在学生学了一定的专业知识后，在若干课程实习的基础上，到生产管理第一线参加实际工作，以巩固、加深和提高专业知识和基本技能，学习生产和管理技术，并作为初级技术人员，结合运用所学知识和技能，逐步学会解决若干比较简单和常规的技术问题。实习时间一般比较长，大多数学校生产实习都安排在校内实习基地或校外实习基地进行。

5. 毕业实习

毕业实习也称综合实习，是指学生完成专业所有课程教学任务和相关实习训练后，在教学过程的最后阶段采用的一种综合实践的实习方式。其目的是为就业上岗进行全面准备和练兵。一般应安排在学生就业去向范围内，与专业有关的、生产管理水平较高的企业或单位进行。大多数学校都安排在校外实习基地或关系密切、有实力、有接收能力的企业或单位进行。毕业实习中，学生应在实习单位技术人员或专业老师的指导下，综合运用所学知识和技能，独立完成指定的生产和管理任务，同时尽可能参加生产计划制定、经营管理、产品销售、新产品开发、新技术试验示范和推广工作，以提高其适应专业岗位的综合能力。其实习的业务要求比以前各种类型的实习更系统、更复杂、更严格、更自主，更强调和体现工作能力和综合素质的训练。

总之，专业生产实习过程既是检验学生专业知识和专业技能及管理能力实际水平的过程，又是锻炼和促进学生综合素质全面提高的过程。通过专业生产实习，大大缩短了学生对未来岗位的成熟期，增强了学生就业的竞争力和信心。因此，每个中职生对于专业生产实习必须给予高度的重视，并从思想和行动上做好充分准备。在实习前，应明确实习的目的、内容和基本要求，并做好必要的心理和知识准备；在实习期间，应严格实习，认真完成每项实习任务，虚心向他人学习，遵纪守法，培养职业道德信念，增强职业责任感，并认真做好实习日志，记录好实习内容、完成实习任务的数量和质量、存在的问题及采取的措施，记载好实习的各种资料及数据、实习的收获和体会、实习中发生的人和事、创新思维和项目及需要解决的问题等。

从横向的角度（即实习的场地）而言，实习可分为校内实践活动、现场实习活动、社会实践活动等几种类型。

1. 校内实践活动

（1）认识型。这种实践活动是通过展示、演示或浏览等被动方式，让学生观察某一对象的内部构造或工作流程，形成感性认识，主要培养学生的观察力、辨别力和分析力，为学习有关技术技能做准备。

（2）验证型。这种实践活动主要是让学生通过实际模仿、实际操作等较为主动的方式，来验证所学的理论知识，培养学生的动手能力。

（3）模拟型。这是一种综合性较强的方式，通过模拟工作现场的实际情景，使学生把所学的知识运用到模拟的实践活动中去，以增进学生对专业知识的理解，加深和巩固理论认识。

（4）全真型。这是在校内实习工厂等校办企业完成的实习活动。这种形式与校外实践活动没有实质上的区别，它的综合性最强，不但能够进行全面的基本技能的训练，而且还可以培养学生的劳动观念和职业意识，有助于综合职业能力的形成，培养学生的综合能力。

2. 现场实习活动

现场实习是指组织在校学生到生产现场，以工人、技术员、管理员等身份，直接参与生产过程，使理论知识与生产实践相结合的一种教学形式。现场实习能加强理论与实际的联系，培养学生的实际操作能力，可以直接检验学生的专业理论知识、技能水平以及教师的教学效果。现场实习可在校办工厂进行，也可在校外企事业单位、农场进行。现场实习是技工学校的主课，占教学总时数的一半以上，贯穿于学校教学的全过程。机械类专业的学生以校内实习工厂为主要实习场所，通过严格的技能训练，达到规定的中级技术工人标准，同时还要完成一定的生产任务。冶金、化工、建筑类专业的学生要先在校内进行基本功训练，然后到校外实习基地完成实习任务。在中等专业学校，现场实习通常安排在教学实习和基础课教学任务完成之后进行。普通中学的劳动技能课也可以采取现场实习形式，使学生更好地了解生产实际，培养良好的思想品德。在现场实习过程中，要把学生分组，编组的人数要考虑教学原则、工艺要求、劳动安全、实习设备条件等。技术指导原则上以实习单位的技术人员和老师傅为主。现场实习是所有工科、农科及相关学科的必修课。

产教结合是职业教育基本的人才培养模式。职业能力的培养不能仅仅依靠校内教育，更要辅之以必要的现场实践活动。无论是普通高等教育，还是职业技术教育，都应该把教育向企业延伸，与产业界密切结合，通过"工学互替"、"产业互助"等形式的实践活动实现对学生的基本应用能力和综合素质的培养，同时利用企业现场特有的工作氛围来陶冶学生爱岗敬业的情操，树立团结协作的精神，养成遵守职业纪律的习惯，最终达到培养学生综合职业能力和全面素质的目的。

3. 社会实践活动

素质、职业能力的综合性要求中职生在具备专业能力的同时，还应该具备一定的适应社会的能力和交际能力，这些能力的形成需要学生广泛地接触社会、熟悉社会，在实践中不断锻炼自己，如参加社会调查、社团活动、参观访问、公益劳动、假期社会实践等。学校要组织学生积极参加社会调查、参观访问、公益劳动等活动。学生也应主动地尽早接触社会，参加各种社会服务和勤工助学活动，在弹性学制下，还可以到社会上进行专、兼职的实际工作锻炼。学生既要学理论知识，又要培养动手能力。

社会实践活动是中职学校的传统活动，具有规模化、制度化、专业化、阵地化等特点。在校生要积极把握这一锻炼机会，积极报名参加院系组织的实践活动，同时发挥个人的主动性和积极性，联系和参加各种社会实践活动，在活动中积累经验，明确今后的努力方向。

三、实习的意义和作用

实习教学是中职生学习的重要内容和途径之一，尤其是在市场经济条件下，各行业、各单位、各部门对人才的要求越来越高，竞争压力越来越大，重视和加强实习教学显得尤其重要。

实习教学就是指学校为全面提高教学质量和学生专业技能、综合素质，有计划地组织学生直接从事与专业有关的实际操作的一种教学活动。实习教学依据专业不同而有不同的安排和称谓。同时各类专业实习教学安排的时间、场地、单位、目的、要求等也各不相同，差异较大。实习教学既有利于学生熟悉和掌握本专业的基本技能和素质，实现与行业的专业实际需求对接，避免相互脱节，又有利于培养学生良好的职业情感、职业责任和职业道德，也有利于用人单位选人、用人，使员工更好地胜任未来的工作。具体而言，实习具有以下多方面的作用：

1. 有利于中职生了解社会，积累社会经验

现在的中职生多为独生子女，很多在家受到溺爱，缺少和社会的接触，弱化了其吃苦精神、生存能力和社会责任感。这就需要学生具有主动性和危机意识，有意地弥补自己在此方面的不足，积极参加实习，增长社会才干。使学生了解企业的组织结构、经营状况、生产流程、发展前景等，有助于增强中职生的生存能力、人际交往和沟通能力，同时也拉近了与企业的距离，为进一步的就业打下良好的基础。

2. 有助于学生提高专业动手能力

实习有助于学生的理论学习与实践更紧密的结合，能够更系统地了解专业领域知识结构，巩固和拓宽所学的专业知识，培养分析问题和解决问题的能力、创新能力、实践动手能力和创业能力，使之对本专业生产和设计建立感性认识。

3. 有利于中职生自我认知，修正职业生涯规划

现在的应届毕业生在找工作时，有很大比例的同学不知道自己要做什么、能干什么，但同时有些中职生的就业期望值很高，不能理性冷静地认识自我。实践证明，经过实习的磨炼，中职生会对自己有较为清醒的认识，从而进一步明确发展方向和奋斗目标，进而修正自己的职业生涯规划，为今后走上工作岗位，尽快进入工作角色打下良好的基础。在各种形式的实习中，学生们会探询自己未来步入社会后的形象，并寻找自己与这个形象的差距，开始学习设计自己的未来职业生涯，这些探索降低了学生选择职业的盲目性。

了解职业行业有很多方法，如阅读相关的文章、请教业内人士等，但最直接的方法还是亲自做这份工作。在做的过程中，你可以确定自己是否喜欢这份工作，自己能否胜任。如果喜欢又胜任，以后毕业找工作，就可以把它作为目标职业；反之，就要寻找新的工作方向。

4. 有利于了解职场规则和用人单位要求

市场经济要求竞争，要求适者生存。现在，用人单位普遍认为，中职生就业难与他们自身存在的"弱点"有关。刚毕业的中职生缺乏理论联系实际的锻炼，与社会接触较少，缺少社会经验，还不了解职场规则，这导致其走上社会后漫天要价，工作不踏实，且上手慢。如果企业录用了一个缺乏实际经验的中职生，将要承担很高的人力资源培训成本，很

多企业不愿意为此付出时间和代价，他们更多的是直接到人才市场选择成熟的人才。而实习是让学生了解职场规则的一个良好途径。通过实习，学生能知道未来从事工作需要的条件，形成一个明确的就业导向，在此基础上修正自己的职业生涯规划，有针对性地进行角色转化。在此过程中，中职生的观点、行为方式、心理都能作出适当的调整，从中积累丰富的实习经验，有助于减少"无工作经验"的尴尬，有利于毕业后顺利就业。

5. 有利于学生初次就业和发展

首先，通过就业实习这种形式，培养中职生的社会责任感和敬业、乐业的精神，提高了学生的专业技能，丰富了学生的社会经验，其社会适应能力、心理承受能力也得到了锻炼。这些都为学生实现初次就业奠定了基础。其次，注意收集实习成果的学生在求职的过程中将会有明显的优势。如一些毕业生平时注意收集自己在校期间所做的课程设计作品、社会实践总结和毕业实习作品和总结等，并刻成光盘保存，这些原始材料在个人求职时都很为用人单位所看重。再次，在就业实习的过程中，有相当部分的中职生通过与用人单位的充分接触，得到用人单位的赏识，直接由实习步入了就业，也满足了单位的人才需求。

曾经有公司做过一项调查——《雇主如何选择应届毕业生》，参与的公司包括外企、国企和民营企业，规模也有大有小。有一个题目是让他们选择看重的方面，包括学校、专业、成绩、证书、实习经验、社会实践、户口等。结果不同性质与规模的公司侧重点有较大的不同，唯有一个要素是所有公司都重视的，那就是和应聘职位相关的实习经验。所以，如果毕业生在大学期间有相关的实习经验，在找工作时就会有很大的优势。而且不少公司会挑选实习中的优秀者留下来成为公司的正式员工，这样的招募方式正被越来越多的跨国公司使用，并成为其挖掘"早期人才"的战略之一。

第三节 如何进行实习教学

所谓实习教学，一方面指学科问题生活化、情景化、社会化，另一方面指学生亲自动手操作，积极参与社会实践、生活实践、探究实践。知识来源于实践，应用于实践，要从生活走进课堂，又要从课堂走向生活。我们所培养的人才应该是实践型人才。因此，在教学中，要让学生积极参与知识的形成过程，在实践中发展，将自己培养成实践型人才。"劳动者素质的提高和大量合格人才的培养"固然是全部教育应承担的任务，但职业教育的作用更为直接。为此应该在积极引导学生在认真学习和掌握专业基础知识、基本理论的基础上，认真抓好实践教学这一关键环节，强化学生专业技术、技能和技巧的训练，以期提高学生的思想、业务素质，为实现社会经济增长方式的转变作出努力。

一、确定实习教学的任务

中职学校因专业性质和培养目标的不同，其实习教学的任务也有所差异，但就其共性而言不外乎三大任务。

其一，是培养学生具有从事岗位必需的操作技能。职业教育的培养目标是要求学生在校期间应接受系统的、正规的专业技术、技能的训练，并使这种训练达到一定的熟练程度。

其二，是提高学生解决实际问题的能力。学生不仅要掌握一定的专业知识、实用技术和操作技能，而且要通过理论与实践的有效结合，综合运用所学知识去分析和解决实际问题。

其三，是培养学生良好的思想品质和职业道德。通过学习专业知识和下乡、下厂实习，广泛接触生产实际和工农群众，增强学生的工作责任心、社会责任感，增强劳动观念、艰苦创业意识，促进良好的职业情感和职业道德的形成、发展和固化。

二、强化实习教学的环节

中职学校的实习教学一般包括：讲授示范、实验教学、教学实习、社会调查、专业实习、专业劳动、专业队伍训练和组织技术、技能竞赛等。

1. 讲授示范

对基本操作的学习和实践，是实习教学的前提，教师要通过认真研究教学计划、教学大纲和教材，认真备课，认真传授技术操作"诀窍"和要领，通过巡视指导和个别辅导等方式，认真纠正学生操作中的错误动作和习惯性错误，使之一开始就能严格按操作规范去操作。

2. 实验教学

通过实验教学使学生对已学的理论进行验证、巩固，加深理解，达到扩展知识的目的。在实施教学过程中，教师要加强指导，启发学生积极思维，学会独立选择实验器材，确定实验方案，真正掌握通过科学实验去发现真理的思想方法和研究手段。

3. 教学实习

教学实习是一种认知性、认识性实践，学校要积极创造条件，使教学实习规范化、系统化，按照教学大纲的要求由易到难、循序渐进。通过学生参加教学实习，使之正确使用常用仪器、设备和工具，对专业性实习形成一定的感性认识。

4. 社会调查

中职学校的部分专业（如文科、管理科）结合专业课开展社会调查，组织学生收集典型材料和各种资料，通过了解政策、法规的制定和执行情况并对调查材料进行研究分析，从而培养学生理论联系实际的工作作风，培养学生分析问题、解决问题的能力和社会交往能力。

5. 专业实习

专业实习是学生完成由学生身份向工人、农民身份转变的预备性实践。学校要周密计划、精心安排，健全各项管理制度。在实习场地的安排上，既要考虑对学生有较好的适应性和教育性，还要配备相应的实习指导力量。通过实习教学环节使学生认识岗位环境、工作内容和工作方法，为学生由学校走向社会做好准备。

6. 专业劳动

专业劳动亦称生产劳动，这是中职生的必修课。通过劳动一方面可使学生掌握一项或几项专业技能，而且可以通过专业劳动使学生进一步学习工人阶级和农村干部、群众艰苦创业、敬业爱岗、为社会作贡献的奉献精神；另一方面也使学生进一步体验生产劳动环境，形成初步的生产经验和社会主义市场经济观念。

7．专门训练

为使学生所掌握的技术、技能和技巧走向娴熟，为多数学生树立示范，组织专门队伍（如珠算代表队、计算机操作代表队等）进行专业训练是完全必要的。通过专业训练，既可推陈出新、精炼技术，又可造就学生坚韧不拔、精益求精的探索精神。

8．组织竞赛

学生专业技术的提炼和掌握，既要有常规性、科学性的训练方法，更需要组织各类技术竞赛活动，通过竞争和激励机制，使学生对技术、技能和技巧的形成和掌握产生渴求心理，使训练方法和技术水平产生质的飞跃。

三、建立实习、实验基地

实习、实验基地是实习教学的主要阵地，是中职学校办学的基本条件之一，所以要通过校内和校外两条途径，把这一基础设施建设好。

1．建立校内基地

首先要从学校办学的主干专业的实践教学的需要出发，根据课程设置、实习、实验人数，安排必备的基本设施、配套设备、人员编制和经费预算。其次要采用严格的管理办法，根据教学计划、教学大纲编制实习、实验计划，按照实践教学的规范和要求上好实习、实验课，努力提高实习、实验的效率。再次还要充分发挥校内基地的潜力，实现"产教结合"、"厂教合一"——教学、科研、生产、服务一体化运行，把校内基地办成既是"紧扣教材，巩固教学内容"的实习、实验场所，又是"生产经营，企业化管理"的经济实体，同时又是"科学实验，技术推广"的社会服务窗口，多功能、全方位为经济发展和教育教学改革服务。

2．拓展校外基地

为了使实习教学适应现代科学技术发展水平，贴近生产实际，除了建设和管理好校内基地外，还要主动和企业、社会和广大农村加强联系，充分发挥联合办学单位的积极作用，依托这些企业的车间、班组或作业小组作为学生实习的常备性基地，特别是一些技术含量高、设备投资大的场地，都应采取这种"借鸡下蛋"的办法去拓展。

四、完善考试、考核办法

教学的形式不同，其考核内容、标准和方法也不尽相同。就其内容而言应有三个方面：其一是根据本专业实习、实验教学大纲（亦称实训大纲）的规定，考查学生掌握本专业或工种的基本知识、基本理论和基本操作技能；其二是考核学生的职业素质，如遵守有关规程、制度和完成任务情况等；其三是考查学生的实习态度、劳动观点、专业思想和职业道德等。

第二章 实习的组织和实施

第一节 学校对实习的组织和安排

中职生实习的整个过程是一个系统工程，它包括实习计划的制订、与实习单位的实习协议书和与实习生的责任书的签订、实习前的思想动员、生产任务的分配、生产流程与工序的管理、实习生的组织管理和实习总结等环节，每个环节既具有相对的独立性，彼此之间又相互关联和影响。因此，学校必须对整个生产实习过程进行科学和系统的运筹，才能使实习的效果达到最优化。学校对实习的组织和安排应做到如下几点。

一、制订完善的实习计划

根据教学计划设置实习教学环节的教学目标及具体的教学要求，以及制订出较为完善的实习计划，是组织和安排学生实习和进行成绩考核的依据。需要强调指出的是：实习计划的制订，必须充分考虑实习单位的实际生产情况和设备条件，从而制定出切实可行的实习计划和要达到的目标。实习计划主要包括：实习目标、实习地点和时间、准备周的工作要求、进入实习单位后的工作要求、生产实习成绩评定和生产实习的各级组织机构等内容。

二、实习协议书和责任书的签订

学校与实习单位签订实习协议书和与实习生签订实习责任书，是规范学校与实习单位、学校与实习生多边关系行为，保证生产实习活动安全有序进行的重要举措。实习协议书和实习责任书明确了三方的责任和义务，把生产实习活动纳入了法制化的管理轨道，有助于减少事故的发生和违约方的责任追究。

实习协议书的主要内容包括：签订协议书的法人、实习的时间、甲方（实习学校）的基本权利和义务、乙方（实习单位）的基本权利和义务、违约方的责任追究方式等。

实习责任书的主要内容包括：甲方（实习组织单位）的职责、实习学生的职责、第三方（学生家长）职责和责任认定条款等。

三、实习前的思想动员和组织纪律教育

做好学生的实习思想动员和组织纪律教育工作是顺利完成实习任务的一个重要保证。思想动员和组织纪律教育要分两步进行：一是实习交流总结会，挑选上届三至四名在实习

过程中表现突出、成绩优秀的实习生代表发言，向下一届准备实习的全体学生介绍他们的实习体会和成功的经验；二是离校前的动员大会，主管领导要就实习目标、实习任务和安全责任作总动员，动员报告的主要内容包括：

第一，要求学生明确实习目标。就是按照教学大纲的要求，进行并通过生产实习，取得毕业学分。通过参加实际生产工作，使学生能灵活运用已学的理论知识，解决生产中的一些实际问题，培养独立分析问题和解决问题的能力；通过生产实习，进一步加深对生产工艺及工作原理的认识，加深对已学专业课的理解，巩固课堂所学内容；通过生产实习，学习现代化企业生产管理的方法，丰富和扩大专业知识领域；通过生产实习，熟悉和了解工厂的生产程序和方法，体验知识、技术转化为商品的过程；通过生产实习，学会与人沟通和协调，建立良好的人际关系，培养团结协作的精神；通过生产实习，树立劳动观念、法制观念，为日后走上工作岗位打下基础。

第二，要特别强调安全问题与组织纪律性。离校外出实习，加强人身、财产等安全十分重要，必须强调并执行严格的组织纪律，特别是严格的外出请假制度。

第三，教育学生要端正实习态度，期望不能太高。因为一般来说，工厂生产第一线所从事的很多工作比较简单，也比较单调，而学生认为实习应该从事管理或研发工作，这样才能学到知识和提高实践能力。这反映出学生对自己估计过高，有些工作看似简单，但也不是随随便便就能做好的，里面包含许多技巧和方法。另外，学生可能对每天做重复的工作很烦，认为这样实习无意义，所以不重视，应付对待，引起思想波动，难以坚持实习。针对这种情况，要教育学生懂得要做大事得先做好小事，不是一个好兵就当不了将军的道理。

第四，教育学生不仅要学会做事，还要会做人。在实习中，不仅学习相关专业的技能，更应该学会做人处事，学会处理各种复杂的关系，学会应用所学的知识解决各种问题，学会专心、细心、耐心，体会劳动的乐趣，体验生活，体会赚钱的艰辛，学会适应复杂环境的能力。实习是一种体验，是正式步入工作的一次体验，不能过多地关心有多少收入。在实习中尽量展示自己的能力和才华，锻炼自我、培养自我、发展自我、发现自我，为以后更好地发展学到更多的工作经验，培养良好的职业道德，爱岗敬业，养成良好的工作态度。

四、生产任务的分配、生产流程与工序的组织管理

实习生进入实习单位后，生产任务的分配、生产流程与工序的组织管理主要由企业的领导和管理者、师傅和实习学校的指导教师共同决定，各班组长积极参与。一般要根据厂方的生产产品情况，并结合学生专业素质进行生产任务的分配。由于学生的知识和能力有较大的差别，为了体现因材施教、各尽所能的原则，学生应尽可能分配到各个不同部门。如理论基础知识扎实、动手能力强的同学进入研发小组，协助厂家技术人员进行产品设计开发，或安排到修理部门，进行不良品的维修工作；有的分在办公室做文员，进行文件管理工作；有的分到品检部，进行成品机功能、外观等检测工作；有些综合素质好、协调能力强的学生做管理人员，配合上级管理人员对本班同学和公司工人做好日常生产管理工作；大部分学生到生产线上从事产品的安装、插机、焊接和调试等各项工作。生产线是工

厂的生命线，生产流程是否顺畅、流水线工序安排是否妥当，决定着生产成品的数量和质量，因此生产流程与工序的组织管理工作尤其重要，需要厂方技术主管、实习指导教师以及学生技术骨干共同合作完成。首先由厂方技术主管提出具体的生产流程，然后实习指导教师根据各个学生的特长将其安排到相应的工位上，在生产进程稳定后挑选出工作出色的学生作为技术骨干，负责日常的流水线管理。每个工位既要根据学生的能力进行安排，也要不定期轮换，这样一方面可以更全面地锻炼学生的操作技能，另一方面又能克服由于长时间的单调劳动引起的乏味和厌倦情绪。

五、加强日常管理，关心学生的生理和心理健康

1. 建立完善的管理机构和规章制度

首先，在实习过程中，指导老师根据实习单位的具体情况，把全班分成多个实习组，由班干部分别担任组长；成立党小组，充分发挥学生党员的先锋模范作用；学校主管领导经常与指导老师保持联系，对实习过程中发生的问题进行协调，对重要事件的解决进行决策；与厂方建立良好的工作关系，共同对实习生实施管理。这些措施保证了在实习过程中实习机构能正常有效运转。其次，强化安全意识与组织纪律性。要求实习生必须遵守实习责任书和实习单位制订的各项规章制度，不许在现场打闹、推搡和随意乱接电线和违章操作。严格禁止将实习车间的任何器件、工具、设备和材料等私自带出，对违反纪律的学生必须给予及时的批评教育。再次，不定期检查实习生的实习日志，了解实习生掌握实习内容的程度，并把平时写日志的情况、工作态度和遵法守纪情况等纳入实习成绩考核的内容。

2. 鼓励和支持学生大胆实践、创新

在实习过程中，既要要求学生遵守企业的各项规章制度，又要鼓励、支持学生大胆实践、创新。主要围绕如何提高企业所生产产品的质量、提高工作效率来开展实践、创新活动。例如通过对生产工艺的改进提高产品质量，对生产流程的优化管理提高生产效率。

3. 以人为本，体贴入微，体现人文关怀

有时候实习学生所从事的工作劳动强度较大，生活节奏较快。大多数学生从未经历过这种生活和工作，尤其是实习刚开始的两个星期，学生很不适应，心理压力大，思想情绪波动大，有些学生顶不过来，这是实习最困难的时期。学校主管领导和指导老师要从各方面做好学生的思想工作，教育学生要努力克服困难，尽快适应，不能要求社会和环境来适应人，而是人要适应社会和环境，坚持到最后，完成实习任务。但对个别体质弱和生病的学生，要特别予以关心，生病的学生要与厂方及时沟通，安排就医和休息；对个别心理素质差的学生，更要给予特别关怀，进行心理疏导；教育同学之间要相互关爱、相互支持、相互帮助；对极个别体质弱、生重病难以坚持实习的学生，要果断停止其实习，以免发生意外。

4. 积极组织各种体育活动，加强身体锻炼

积极组织各种体育活动，加强身体锻炼，从而增强体质，这不仅对于提高工作效率，而且对于克服困难、坚持实习都有重要的作用。

六、实习工作总结

生产实习结束后，进行实习总结意义重大。实习总结主要分为实习的具体工作总结和实习感想两大部分。实习总结不是实习工作过程的简单罗列，而是专业思想、工作态度、人生观及情感上的一次升华。通过实习总结，学生将整个实习过程的得失进行系统整理和科学归纳，使学生能更客观地评价自我，发现自己的长处，也正视自己的不足，这既有利于他们今后的学习和工作，也有利于指导下届准备实习的学生如何在实习工作中扬长避短，同时也有利于组织实习的领导和指导老师发现实习中有待解决的问题和组织管理上的漏洞，从而改进工作方法，更好地组织完成生产实习任务。

第二节　企业是实习的重要场所

一、建立实习生制度对企业的意义

1. 建立实习生制度是企业应尽的一种社会义务

现在有很多企业在招聘时难以招到有丰富工作经验的所需人才，便开始埋怨学校教育理论与实践脱钩，埋怨学生只会读死书不注重实践经验的积累。实际上出现这种情况企业是负有一定责任的。现在的中职生拥有丰富的专业知识，有很强的职业意识，并且他们年轻、可塑性强、富有创新意识，这正符合企业成长与竞争的需求，但是他们在职业规划、职业素质养成、专业技能训练等方面，尤其是实战工作技能方面还有欠缺，而这个缺口的弥补不应该仅仅是学校的责任，也是社会的义务。那么企业作为社会发展的重要主体之一，建立实习生制度以实现这种社会义务责无旁贷，同时这也是企业回报社会的一种方式。

2. 通过建立有效的实习生制度可以为企业招聘和选拔优秀人才

通过建立实习生制度来招聘和选拔优秀人才这几乎是所有企业的共识。企业希望通过实习来考察应聘者，并从中筛选到自己满意的员工。如东方通信有限公司特地制定了实习生档案，记录实习生在实习期间的工作表现、能力特质等，作为以后招聘时优先考虑的依据。华立控股有限公司在实习生结束实习时还特地设宴欢送他们，将表现优秀的实习生列入后备人才库，在招聘时优先录用。根据有关调查，所有企业都对在实习期间动手能力、处事态度等方面表现优秀的实习生表示满意，在其自愿的前提下，毕业后可以转为正式员工。

3. 优秀的实习生制度可以为企业树立良好的形象和提高企业的知名度

实习期是企业与实习生进行初次接触的阶段，对于双方来说都是一种相互了解、考察的过程。由于首因效应的影响，这段时期企业对实习生的认识和实习生对企业的认识对日后双方进一步建立劳动关系有着举足轻重的影响。同时，由于实习生制度主要针对应届毕业生或在校学生，那么在实习生制度的实施过程中，特别是校园招聘过程中，无形地就给企业带来了意想不到的宣传作用。由于企业对实习生制度的精心设计以及规范有效的执行，这样很容易给实习生留下深刻而美好的印象，从而为企业在日后招聘人才过程中企业形象和知名度的宣传打下了一定的人缘基础。在日本，有很多企业就在宣扬"要通过实习，让学生了解本公司，进而更加深刻认识某一个行业"。

4. 实习生制度是企业文化的一种体现

企业文化不是一个空洞的概念，也不是设计一个企业标志、写一首企业之歌、出版一本企业刊物那么简单，而是要将企业文化所包含的精神与实质灌注到企业生产经营的各个层面中去，这其中就包括企业实习生制度的建立。现在有很多企业都在提倡和追求"以人为本"的企业文化，当然"以人为本"不是口号，这样的企业文化实质意味着企业将人的作用和反应列为企业最高的、不可侵犯的判断标准。如惠普公司在制定每一项制度、实施每一个项目的时候都会去审查这样做是否违反了企业精神——"对人的重视、尊重与信任"。同样，企业在建立实习生制度的时候也是一种企业文化的体现，它在向别人传达这样一种意思：我们将实习生作为整个企业不可或缺的重要人力资源，通过我们企业的指导与管理，企业将与实习生建立起一种良好的合作、互赢关系，并因这种关系的建立，使得实习生获得一个可以增进实践能力的机会和有所收获，而企业也可以从实习工作中挖掘出实习生的更多潜力，为企业的未来发展提供优秀的人才和创造丰富的价值。

5. 健全有效的实习生制度可以促进实习生为企业创造更多的价值

国内很多企业把接受实习生当作一种任务，简单地以为是学校和企业之间的"对口实习"。有人曾将实习生在企业中的实习内容归结为八个字——"端茶"、"倒水"、"拖地"、"擦灰"，虽说这八个字概括得有些偏颇，但也形象地描述出实习生在企业工作中的低级与尴尬。这样的实习几个月下来，不仅实习生会认为学不到自己想学的东西，而且企业也会产生实习生不会给企业创造价值的表象认识，甚至当企业领导总是发现实习生在无所事事地上网、看杂志时，便更不会认可引进实习生会给企业带来实际意义。事实上，上述问题产生的根源不在于实习生，而在于企业没有一套健全有效的实习生制度，没有将实习生的工作计划好、安排好、指导好。实习生制度应该成为企业整体人力资源战略的重要组成部分，通过制度的建立企业可以让实习生充分发挥其具有的能力和潜力，并且在实习生制度的实施过程中，实习生完全可以为企业创造更多的价值，很有可能他们中的某一员日后会成为企业的中流砥柱。

6. 实习生制度可以促进社会失业问题的解决

企业人力资源的需求不是固定的，很难完全控制在人力资源需求计划之内，那么企业在开展某些临时性项目的时候，人手紧缺就成为制约项目顺利完成的重要障碍。如企业有时需要针对一些特殊情况开展相关的营销策划活动，有时某一个科研攻关项目临时需要一些助理来帮助处理一些数据和资料等，这时，企业如果有完善的实习生制度，便可以立即从储备的实习生档案中挑选到合适的人员迅速投入到相应的岗位上去，此时，人手紧张的问题便可以迎刃而解。

7. 实习生制度的建立可以加强和完善企业人力资源管理制度体系

企业人力资源管理制度主要包括招聘制度、培训制度、绩效管理制度、薪酬管理制度、劳动关系管理制度等几个方面，但是针对实习生相关的人力资源管理制度在我国企业中还处于一个真空状态。迅速有效的建立起企业实习生制度则成为企业人力资源管理者的重要工作内容之一，同时这也有助于完善整个企业人力资源管理制度体系的建立。

二、企业对实习生的管理

1. 建立共享的知识管理体系

知识和能力资源是产生竞争优势的源泉，共享性知识管理体系不仅强调知识分享，更强调知识创造。实习生虽然缺乏实践经验，但其掌握的新知识、具有的探索精神和开拓冲动作为企业新流入的异质性资源，能给企业带来创新冲击，并转化成企业的竞争优势。所以，企业可以向实习生开放中基层的一些经营与管理岗位，引导他们积极参与经营和管理，利用他们的视角和实践体验来发现现存的问题和改进方法。如一些会计师事务所、律师事务所和管理咨询公司等在对实习生进行一定的培训后就辅导其从事具体的业务工作。许多外企每年都有计划招收实习生，并安排在相应的技术或管理部门，这不仅可以带来新的知识与非知识资源，也为他们培养目标员工（prospective employee）做好了铺垫。

另外，企业还可以在实习生实习结束的时候举办座谈会，让实习生们对自己在实习期间所学到的知识和经验以及发现的问题畅所欲言，并加以总结和归纳。这样，一方面可以加强实习生之间的知识分享，另一方面有利于企业发现和总结问题，为下一次的实习生工作总结经验。

2. 建立有效的激励机制

针对实习生的需求层次建立有效的物质与精神激励机制。就物质激励而言，不仅要让他们参与日常经营管理，还可以将他们视同短期合同工或临时工一样进行考核，包括给予适当的工作补贴和创新奖励。就精神激励而言，除了口头、书面肯定及公开表彰外，领导与员工用餐或高层与实习生开展对话等也非常重要。

实际上，即使是让他们做些琐碎的事情，如果经理或者其他高层领导见到时能走过去拍拍他们的肩膀或者竖起大拇指，肯定他们工作的干劲和责任感，他们都会格外高兴，因为他们获得了企业的关注和肯定。这种精神鼓励会令其干劲十足。

在工作安排上，企业可以尽量给实习生安排一些有挑战性或有新鲜感的工作，允许他们有尝试的机会。而对一些知名或经济效益较好的企业来说，出于企业发展战略的考虑，实习生的选用计划本身就是最具吸引力的激励方式。

3. 培养良好的员工关系

要在实习生和正式员工中形成良好的互动关系，不仅需要实习生有虚心求教和爱岗敬业的态度，也要求企业有针对性地建立一套实习生考核体系。学校在实习前应该侧重进行"做人"方面的岗前培训，企业则应侧重于"做事"方面的制度教育和岗前培训。

就企业而言，其接受实习生的动机不一，有上级强加或碍于情面接受的，有出于人力资源战略选招的，有出于生产管理招收的。但在实习生管理中，大多数企业却并没有因为招收动机差异而采用相应的考核方法，甚至根本就没有这类考核，以至于实习生和正式员工的关系模糊不清。可以说，正式员工不愿意真正"传、帮、带"实习生，指派实习生整日打杂，最主要的原因是没有明确管理实习生的工作职责，以及相应的考核系统。

4. 预防和处理实习生心理问题

企业人力资源管理者可以采取的措施有：

（1）根据实习生的年龄，适度安排工作时间以及工作量。

企业的实习生大多是独生子女，他们在家娇生惯养，面对企业繁重的工作，无论在生理还是心理上都会觉得有沉重的负担，需要一个慢慢适应的过程。在此过程中，企业应该根据实习生的年龄阶段适度安排好工作时间和工作量，要考虑到实习生的承受能力。

（2）为实习生制定职业生涯规划。

实习生的实习动机差别很大，如果是毕业实习，就业一般都是首要考虑的问题；如果是课程实习，则完成学业是其主要目的；如果是高年级自荐实习，则企业知名度与工作平台是其主要考虑因素。大部分实习生对实习工作和就业情况的期望都非常高，许多人都觉得毕业后应该能从事管理层或技术专家型的工作，可是眼前在企业实习却做些低层次的操作性工作，理想与现实的矛盾必然产生很大的心理落差。针对这些问题，企业可以根据实习要求制定一系列的考核制度和留用升迁制度，使实习生各展所长、各得其所，心理落差自然会大大减少。

（3）加强实习生技能培训。

从天之骄子变为地位低微的一线员工，有时甚至会被同事忽视或嘲笑，这一转变难免会令实习生产生自卑心理。企业应加强实习生的岗前培训和在职培训，只有让实习生拥有扎实的工作技能，才能使其找回自信，从容应对工作挑战。

（4）给实习生展示自我风采的机会。

企业应通过举办员工联谊会、座谈会、技能大赛、知识竞赛等活动，为实习生提供施展其才华的舞台。一方面有利于与员工间的交流与沟通，另一方面也提高了实习生个人的吸引力和自信度。

5. 发挥实习生非正式组织的积极影响

首先，企业管理者要正视实习生非正式组织的存在，并与其加强沟通。这样不仅可以了解实习生的需求，更可以改善上下级之间的关系。其次，要善于发现并利用好实习生群体中的"领袖人物"。实习生群体中总会有一些核心人物，出于其个人能力或魅力，他们的言行和意见往往对其他人产生较高的影响。企业管理者应善加识别和重视这些核心人物，以更好地利用其引导和管理好实习生群体的非正式组织。再次，要引导实习生非正式组织的发展。实习生群体有自己的行为方式和价值取向，企业管理者可以通过宣传教育、建立规章制度、采取物质激励和精神激励等手段积极引导和影响实习生非正式组织，从而与企业和部门的组织目标保持一致。

第三节　学生是实习的主体

一、在实习中增强主体意识

1. 树立良好的第一印象

中职生初到一个实习单位，其外在形象、谈吐、接人待物的方式都会成为领导和同事关注的焦点。第一印象的好坏对今后事业的发展有着重要意义，中职毕业生切莫忽视。那么，如何树立良好的第一印象呢？

（1）注意仪表举止。

仪表是个人形象的基本外在特征，端庄的仪表会给人留下良好的第一印象。初到实习单位，要注意衣着打扮。衣服不一定要高档时髦、追求名牌，但要符合自己的经济状况和现实身份。男生切忌穿得太随意（如穿着短裤、背心甚至拖鞋），女生不要穿得过于暴露，化妆不要太浓艳。

注意生活卫生，始终保持积极向上的良好形象。要注意在同事面前举止文明，落落大方，应主动向不同部门的同事介绍自己。介绍时注意要简单明了、实事求是，切忌夸大其词，冒失莽撞。

（2）工作踏实勤奋。

中职毕业生到实习单位后，首先应当努力钻研业务知识，提高自己的业务能力，以求尽快地适应工作环境，认清工作性质，熟悉工作程序，做出工作成绩。这是赢得同事赞美和领导信任的基本条件。其次在职业岗位上要谦虚踏实，主动承担扫地打水、清洁桌面、擦拭窗台等细小的工作，不要自以为是。再次做事讲究效率，不要拖拖拉拉。当天不能办完当天的事，原因有很多，如场地没有联系好、该找的人没有找到等。但如果这样的理由重复了多次，领导就会认为你缺乏工作能力，或者是对工作不够尽心尽力。中职生在实习岗位上勤奋工作，是爱岗敬业的表现，也是团结同事、尊敬同事的表现，可以赢得别人的信赖和尊敬，有助于树立良好的第一印象。

总而言之，良好的第一印象是在自己的内在品质和相应的工作技巧共同作用下树立的。尽管它具有暂时性和浅表性的特征，但是它有利于中职生培养职业意识，有利于工作的顺利开始和良好发展。当然，我们不能仅仅满足于良好的第一印象，更不能以伪装的第一印象来骗取别人的好感。"路遥知马力，日久见人心。"中职毕业生更应当通过长期的不懈努力，以自己良好的内在气质、正直的为人和出色的工作成绩去建立良好印象。

2. 尽快熟悉工作环境

实习的第一天要大致了解一下办公的环境和本部门、本单位的同事。之后就要尽快进入工作角色，主要是着手熟悉单位事务，弄清自己的职责。不懂就问，没什么不好意思的，只要肯开口请教，单位同事都会热情帮助你。

此外要尽量寻找机会参加单位的团体活动，不要仅仅局限于与一个部门的同事打交道，多利用单位团体活动的机会，认识不同部门的同事。这样既可以拓展人际关系，也可以了解其他部门的职能与角色，这样在遇到问题时可以获得别人的有力外援。另一个可利用的时机就是午餐时间。一定要共进午餐，倾听同事间的谈话，但不要参与讨论。听后，你要分析、琢磨同事间、同事和上级相处的模式，要了解公司中人际关系是如何构成的，公司有哪些约定俗成的规则，公司的哪些岗位比较重要、更有发展空间等。

3. 建立和谐的人际关系

人在社会活动的一切领域都不可避免地会发生个体之间的相互作用和联系，这种在社会活动中所形成的建立在个人情感基础上的相互联系就是人际关系。事实上，人际关系渗透到了所有的社会关系之中，人际关系无处不在，它对于人各方面的发展都具有非常重要的意义。那么如何建立和谐的人际关系呢？

（1）尊重他人，虚心请教。

尊重他人是建立良好人际关系的前提。尽管人们的分工有不同，贡献有大小，但在人格上都是平等的。初到实习单位，应当把每一个人当作自己的老师，不管他的职务尊卑、收入多少、年龄大小和文化高低，要尊重他们的人格和感情，尊重他们的劳动和成果。此外，还要注意一个细节：要按照单位约定俗成的习惯去称呼领导和同事，不要让人产生你是局外人的感觉。

（2）平等待人，不卑不亢。

中职毕业生要平等对待每个同事，不要厚此薄彼，切忌以貌取人或以个人好恶为标准，把同事分成几个等级，亲近一部分人而疏远另一部分人。同事之间应平等相处，既不要过于谦卑，也不盛气凌人。不要卷入是非矛盾、拉帮结派之中，而应该尽力与所有同事发展平等互助的友好关系。不要认为某人对自己有用就打得火热，而对他人不理不睬。与领导相处不要单为"套近乎"、"留好印象"而交往，而要以建立正常的工作关系为目的。

（3）正直善良，乐于助人。

待人处世要公平正直，不偏不倚。同事间的相互帮助，有时可以锦上添花，有时是雪中送炭。当同事在工作、生活上遇到困难时，应给予同情，用感情上的安慰和行动上的帮助来促使同事克服困难，消除烦恼，以促进同事间的友好关系。只有热心帮助别人的人才会得到别人的帮助，也只有乐于助人的人才会得到人们的认可与赞扬。

（4）诚实守信，理智行事。

真诚与信任是建立良好人际关系的基础。与人交往应表里如一，不掩饰自己，也不无端怀疑对方。在与同事的交往中要恪守信用，言行一致，说到做到，不言过其辞。当工作中发生一些纠葛摩擦甚至冲突时，要冷静对待，妥善处理。只要彼此真诚相待，就能互相了解、互相容忍。

（5）严于律己，宽以待人。

对自己要高标准要求，要诚恳承认错误、勇于接受批评。当自己受到误解时，要胸怀大度，冷静处理，同时要勇于剖析自己，要有容人之心。对别人要多看长处，少看不足，宽容礼让，讲究方式方法，求同存异。要与人为善，不斤斤计较，切忌尖酸刻薄，背后损人。同事做错了事，要善意地指出或给予一些安慰，要多一些关心，少一些指责。

（6）主动随和，心胸宽阔。

要想让别人喜欢你，就要先喜欢别人。对同事要谦虚随和，平易近人而不故步自封，这样才会给人一种容易亲近的感觉，大家才乐意和你交往，彼此交往才会愉快舒畅。要善于发现、虚心学习同事们的长处，适时地赞扬同事们的优点并认清自己的不足，这样可以缩短和同事之间的心理距离，产生认同感。在工作中出现失误或过错时，要勇于剖析自己，主动承担责任。对别人善意的批评和意见，要正确认识、虚心接受，不要自以为是。要学人之长，补己之短。在竞争中学先进，帮后进，领先时不自满，落后时不气馁。一如既往，积极进取。这样才能博得上至领导、下至同事的好评。

（7）尊重上级，注意沟通。

作为下级的中职毕业生，要与领导这一特定的人群建立和谐关系，就要尊重领导，自觉地服从工作安排，力争很好地完成领导交办的任务。对于确实难以完成的任务，要注意维护领导的权威，不要当众拒绝领导的安排，而要事后向领导单独解释。这样就会得到领导的肯定，处理好与领导的关系。工作中，对领导既要尊重、坦诚、实事求是，又要不卑不亢，交往得当，不能为了一己私利对领导曲意奉承，把与领导的关系庸俗化。只要坚持以把工作做好为出发点，在工作方面与领导达成共识，也就有了与领导建立良好关系的基本条件。

许多中职生进入单位后，不敢主动找上级沟通。但是不沟通，上级就不了解你的工作，不知道你干得如何。因此，你要认真思考工作以来的收获、困惑，以及你对自己工作职责的理解，主动找上级沟通，让他知道你很重视这份工作，并在用心地做好。

另外，在开会时要适当发言，让你的上级尽快注意你。切忌老是坐在角落处，一言不发。如果你有好的建议或设想要敢于拿出来，当然也要乐于接受前辈们的批评或补充。

（8）以一名正式员工来要求自己。

学生要把实习当成自己的第一份工作，要把自己当成企业的一名正式员工来要求，想想自己如何为企业带来更好的声誉和效益，甚至在一些细节上，比如着装、打卡等，都要按照企业的规章制度来。实习生要把自己当作企业的新员工，用企业的要求和职业人的标准严格要求自己。

（9）具有强烈责任感。

既然在企业担任一个岗位的实习，就要承担起这个岗位应有的责任。实习生要有责任感，对负责的事情要负责到底，对确实有困难的工作直接向主管说明，决不能含糊应承却不能按时完工。只有脚踏实地、富有责任感的实习生才会引起公司、部门的注意。

（10）善观察，提建议。

实习生应该抱着积极的态度参与实习，不要坐等实习老师来安排，说一步做一步。企业青睐有想法、勤于思考的人才。因此，中职生在实习过程中要仔细地观察，不仅吸收新鲜知识和技能，还可以加以思考，大胆地提出一些合理的建议。

（11）提高业务素质。

实习生表现得出色与否，最终体现在工作能力上，也就是业务能力。中职生的业务素质，大多积累于在校期间的学习和实训。但掌握知识和发挥知识并不是一回事情，实习生应该把自己的所学尽可能地发挥在实习工作上。中职生要在实习岗位上尽量发挥出最大的潜能。学校里所学的知识可能已经落后于时代的发展，需要快速地学习，更新知识内容，以适应实习岗位的要求。

（12）用心考察实习单位。

不要以为实习的过程仅仅是接受企业考查的过程，事实上，实习的过程也是中职生和企业相互了解和考查的过程。中职生在实习过程中，除了认真工作、踏实做事、展现才华之外，还要好好利用实习期考察实习单位。

二、在实习中考察实习单位

实习单位往往可能提供适宜于实习生的工作岗位，所以在实习期间应该对该单位进行全面的考察。特别是对处于试用期的员工而言，试用期间，企业和员工之间仍处于一个双向选择的阶段，企业氛围和岗位是否合适，尤其值得注意。一般来说，对实习单位的考察可以从以下三个方面进行：

1. 观察单位的人气是否旺盛

单位的发展主要依靠管理层的领导，因此先要观察领导者。看单位领导是否有远大的理想及踏实的工作态度，能使员工最大限度地自觉发挥才干；单位领导对待工作是否热情、勤勉，是否公正、公平地对待工作及下属；对单位的发展是否有脚踏实地的计划，有没有凝聚力，职位安排上是否任人唯亲等。看员工是积极工作还是消极散漫，是否团结一心、乐于帮助新人，同事之间是否拉帮结派。看工作内容能否发挥自己的才干，企业的内部管理制度规定是否明确并被严格遵守，晋升通道或学习培训的机会是否平等。看工作环境是否稳定，待遇是否满意等。

2. 了解单位员工对单位的评价

可以从不同方面了解不同的同事对领导、对工作、对工资待遇等方面的评价。同事们工作久了，对单位了解更深刻，他们的评价会体现单位的价值观，是非常有用的资讯参考。同时，还要听取其他渠道反馈的信息，包括单位的客户、竞争对手、关联单位等。一个有魅力、有价值的单位是值得它的竞争对手尊敬的。

3. 考虑个人的价值取向是否与单位文化相融

在实习期间，毕业生一定要仔细分析自己的价值观、成才观是什么，是否与单位的企业文化相包容。同时，还要客观分析自己的兴趣爱好是否适合目前从事的工作。另外要考虑该单位是否符合自己的职业规划，是否能提供公平的晋升空间，自己是否真的适合在该单位工作。

通过以上几个步骤的考察和自己的深思熟虑，你就可以确定是否值得留在该单位工作了。如果决定留下，那就要及时向学校、系里表达你的想法，同时向单位的人力资源部门了解今年的进人计划，进行毛遂自荐，向单位表示愿意把无限的热情投入到事业中去。如果觉得自己不适合该单位，那就认真总结在实习期间的经验教训，使自己学有所获，为下一步求职应聘打下基础。

三、学习企业员工的优秀精神和品质

1. 认真学习企业员工的爱岗敬业精神

俗话说"不爱岗就下岗，不敬业就失业"。在任何一家用人单位，爱岗敬业是对员工素质的基本要求，要干一行、爱一行、专一行、精一行，无论是在工厂还是在公司、机关，都有严格的要求。每项工作都有特定的作用，犹如一台运转的机器，即使是一颗普通的螺丝钉，其作用也是不可忽视的。因此，爱岗敬业从一定意义上讲，是企业稳定发展的基石，也是企业用人的基本要求。

2. 要认真学习企业员工的吃苦耐劳精神

吃苦耐劳是中华民族的优秀品质。俗话说得好："一个优秀的人才，必定是劳其筋骨，磨其心志，最终才能脱颖而出。"吃苦耐劳、艰苦奋斗，都是在逆境中磨炼人的意志，扬鞭催人走向成熟。具备这种品质的员工，才能走向成功。只有脚踏实地、吃苦耐劳、辛勤耕耘的员工，才能成为企业骨干，才能得到企业重用，企业对他的认同又激发他对事业的不断追求，迎难而上，奋发努力，到达成功的彼岸。这种优良的品质，是中华民族自强不息的品质，我们必须继承和发扬，必须在艰苦的第一线卧薪尝胆，刻苦学习，使之成为自己人生道路上一笔"珍贵财富"。要想今后少吃苦，就必须发奋努力，积累知识和才干，最终才能成为"人上人"。

3. 要认真学习员工严肃认真的工作态度

一个管理严谨的企业，他的员工对工作是严肃认真的，这是管理效应，是企业生产经营对员工职业素养的必然要求。这是因为，企业的每项工作都要靠员工去运作，在运作的过程中，不能敷衍了事，粗枝大叶，特别是在工业性企业，生产制造每个机器零件的"公差配合"都科学严密，不能出现丝毫的纰漏，否则，生产的产品就是一件废品。而由此所造成的废品，就是浪费人力、物力和财力，其成本是令人痛心的。同时，所有的工艺流程环节都毁在你的粗枝大叶中。因此，在顶岗实习中，我们首先就要从基层做起，从小事做起，认真做好每件事，这是职业品质、职业素质。只有具备了这种职业素质的员工，才能得到企业认同，得到企业尊重，才有发展机会。

4. 要认真学习员工诚实守时的品质

做人诚实，是公司用人的第一尺度。公司的工作要靠人去做，人是第一要素，"要想做事，必先做人"，只有做"好"人，才能做好事。做人不实，做事就不会实，用人单位在聘用员工时，首先强调的是做人的品质。守时，就是自觉遵守企业或公司的规章制度。制度是企业生产经营的尺度，员工必须按照这个尺度来规范自己的言行。当然，企业内部的制度可分为生产制度、生活制度和工艺制度，这些制度都是为了顺应市场要求而演变催生出来的，应该说，都是科学合理的，能促进企业管理规范化、科学化和制度化。如果一个企业有制度而无人遵循，那么这个企业必将走向衰亡，这是社会进步的必然规律。而企业想要在激烈的市场竞争中生存和发展，守时和诚信是必不可少的。因此，学生为了在毕业后走入社会，进入生产一线，就要懂得诚信、守时的重要性，否则将被企业淘汰。这是学生在顶岗实习中必须以虚心的态度认真努力学习的，也是要努力做到的。

5. 要认真学习企业的科学管理技能

管理是一门科学，更是一门学问和艺术。科学的管理，能给企业插上腾飞的翅膀。我们选择学生顶岗实习的平台时，选择一个好的企业，特别是科学管理好的明星企业，对实习学生来讲，无形中就会增长他们科学而严谨的管理意识。在这种环境下，企业员工的综合素养容易得到较大提升。管理出效益、管理出人才、管理促发展是硬道理。因此，实习生在这样的企业能得到磨炼，在实践中增长管理才干，增长做人的才干。

四、撰写实习日记和实习报告

1. 实习日记及其撰写要求

实习日记是积累学习收获的一种重要方式，也是实习成绩考核的重要组成部分。实习日记，就是实习生每天有条理地记录下当天的工作情况和心得体会。坚持写实习日记对实习生有很多好处：首先，帮助自己巩固和加深对实习工作流程和相关操作技巧的了解，有助于工作经验的积累和自己的职业成长；其次，有助于锻炼自己的观察能力、分析能力，这些素质能使我们在将要从事的各种工作中具备快速上手的能力；再次，写实习日记也能使自己在思想上不断进步，培养我们的毅力和韧性。

撰写实习日记的要求如下：

（1）内容要真实具体。

①内容具体包括实习项目、日期、实习内容摘要、心得体会、建议等几个部分。

②内容必须反映实习工作。实习日记必须反映当天的工作内容，实习生可以回顾一天的工作，想想一天中都做了哪些方面工作，有什么心得体会，有何建议。把这些写在实习日记里，有助于自己的成长和工作经验的积累。在一天的工作中，凡是看到的、听来的、想起的，只要与实习内容有关就可以写下来。

③内容必须真实。胡编乱造等于自己欺骗自己，那样就失去了实习日记的意义，也无助于自己的成长和工作经验的积累。

④内容要有选择性。不要把日记写成"流水账"，要选择有意义和有价值的事情来写。实习时，同学们要虚心向实习单位的指导老师学习，细心体会开展各项工作的方法与技巧。写作实习日记时，要开动脑筋，认真写好体会与建议部分，这也是实习日记最有价值的部分。

（2）重点突出，条理清晰。

（3）语言简洁，通俗易懂。

（4）有些专业的实习日记还需要配上一些简洁明了的设计图，让日记图文并茂。

附录：实习日记范本

实习项目　鸿星尔克专卖店销售工作　实习类型　顶岗实习

学生姓名　张三　班级　市场营销2008级1班　学号　18

实习部门　鸿星尔克专卖店　指导老师　李宁

实习地点/实习岗位　南宁万达商业广场B座B118鸿星尔克专卖店/实习店员

实习日期　2009.06.06

岗位描述：

实习店员要协助店员做好营业前、营业中和营业结束后的各项工作，定期向店长汇报工作情况，在较短的时间内掌握商品知识和销售技术。

实习目的和要求：

了解和掌握专卖店的商品知识和销售流程，迅速适应工作岗位对心理、身体和能力的要求，培养独立工作的能力。

实习工作描述：

每日工作流程：①班前准备；②卖场检查与记录；③晨会；④理货；⑤促销布置；⑥顾客服务；⑦登记日报表；⑧清点货品；⑨安全检查。

实习店员跟班学习：

主要是了解每日工作流程，熟悉工作环境、店内设施、当季商品、店内促销优惠，协助店员完成各种工作等。

实习心得体会：

店员工作流程并不复杂，但要独立为顾客提供服务，提供销售业绩，一方面要熟悉工作流程中的各项内容和商品，另一方面要掌握沟通技巧和提高服务效率，同时，团队成员之间的协作也很重要。

第一天的工作有点手忙脚乱，没有明确的指示，不敢做事。

2. 实习报告及其撰写要求

实习报告是学生实习过程、体会、收获的全面反映，是学生技能实践中很重要的一个环节，是表述其实习成果、代表其专业综合水平的重要资料，也是评定学生实习成绩的重要依据，对于今后学生就业具有指导意义。实习报告不仅反映学生通过实习对理论深度的认识和实习收获，也反映学生分析和解决问题的能力。

(1) 实习报告的主要内容。实习报告的主要内容应当围绕实习任务或岗位要求进行撰写，一般应包括以下内容：

①概述。应用简明的文字概括说明实习的一般情况，包括实习地点、单位、工程项目或课题的名称、规模、意义；本人参加的工作内容、所起的作用、完成情况，简要说明自己的实习成绩、成果、收获、体会和实习单位的反映或评价。

②重点叙述在指导教师和工程技术人员的帮助下，独立完成的1~2项工作任务的情况。这部分内容应力求详细具体，有数据、有记录、有图表。如有图纸、计算书或照片等也可作为附件加以说明或提示。如取得一定的经济效益或社会效果应突出指出，这能充分表现工作能力和业务水平，应下工夫撰写。

③参与或接触的复杂的技术问题和工作难点，特别应着重介绍，运用所学的基本理论和专业知识提出解决办法与处理意见，若被采纳更应说明。

④调查和了解到的新技术、新工艺、新材料、新设备以及新经验应予以反映和叙述。

⑤实习中的思想小结、收获体会与建议。

(2) 实习报告的格式。实习报告的格式应能很好地容纳内容要求，一般来说实习报告包括前言、目录、概述、自己独立承担的工作、参与的复杂技术问题和处理的工作难题、参观调查报告、工作成果、收获体会、思想总结、实习日记、附录、鉴定意见、参考文献、致谢等部分。

(3) 撰写实习报告的注意事项。

①要认真研究报告审阅者的关注点和阅读兴趣。实习报告的审阅者一般是指导教师或专业教师，他们审阅毕业实习报告的目的是考查学生在实习过程中的表现、出勤情况、工作能力、业务水平和实习成果，以及毕业文献的写作能力；特别是学生运用所学的知识解决工程或专业实际问题的能力以及创新能力；对当前本行业的现状、国内外先进技术和新经验的应用情况也颇感兴趣。实习报告的撰写要针对审阅者的这些关注点予以回应。

②前言要精炼有趣。前言是实习报告全文的象征和精华，要简明易懂，引人入胜，叙述宜生动活泼，对审阅者的关注点不应遗漏。前言是作者介绍正文的重要部分和关键问题的前导性文字，应反复推敲、提炼并修改，达到满意为止。

③内容摘要应概括简要。摘要应涵盖报告的主要内容和全貌，反映值得重点阅读的内容或对读者有价值的部分。摘要的写作应避免重复、含混，摘要应在初稿完成后写出。

④目录要详细。目录是报告全文的纲领和脉络，应列出章节后的小标题，也就是列出章、节、款、细目，并用数字编号，数字后注上标题。

⑤标题要生动。标题起画龙点睛的作用，应反复推敲，通盘考虑，寻找最佳用语。标题是构思的基础，要简明概括，生动巧妙，应注意以下事项：章的标题要与报告的总标题呼应，紧密联系，格调一致，并能概括本章的内容；节的标题要与本章的标题相联系，并能把本节的内容明确地表达出来；节以下的小标题要用具体的词句或文章中的重要名词术语表达。

⑥参考文献。实习报告中凡引用他人的文章、数据、论点、材料等，均应按出现的先后顺序标明数码，依次列出参考文献的出处。引用文献所标明的数码，注在引证文献的作者姓名后右上角；如未写明文献作者，只引用具体内容，则注在内容文句后右上角处。用小括号和阿拉伯数字标注。

⑦致谢。任何研究成果通常不是一个人或几个人完成的，为了尊重提供帮助的人，感谢他们的帮助和支持，一般在报告后面用书面文字致谢。首先，应感谢直接作过贡献的人，如参加过部分工作、承担过某项测试任务、提出过有益的建议、指导过某项工作或论文撰写以及绘制插图的人等；此外，还有提供物质或资料的协作单位等。其次，应讲究良好的学风，避免假借名人之名掩饰论文中的缺点和错误或抬高论文的身价。

第四节　中职生实习的各方职责

政府、实习单位、中职学校、实习生四者既是中职生实习制度的制定主体，也是执行主体。明确四个主体的职责是实习制度构架的前提，是顺利实施实习工作的关键。

一、政府及相关部门职责

在实习工作的推进中，政府及相关行政部门起着主导作用，主要职责有统筹规划、组织协调、管理指导、评估督查、信息沟通、宣传激励、提供保障等。

1. 政府的主要职责

（1）统筹规划。

组织和统筹发改委、教育、人力资源和社会保障、经贸、财税等相关行政部门，对当地的职业教育发展尤其是实习工作进行宏观规划，合理统筹和配置职业教育资源。

（2）组织协调。

领导教育等相关行政部门负责对实习进行组织和协调，整体推进实习工作，理顺相关部门、单位之间的职能和关系。

（3）管理指导。

传达和贯彻上级政府关于实习工作的方针、政策及有关会议精神，研究解决实习推进过程中的重大问题，监督相关的政策和制度的落实。

（4）评估督查。

对下级政府的政策落实和工作推进情况进行评估督查，对相关行政部门开展的实习单位资质评估进行认定和授牌。

（5）信息沟通。

利用多种渠道，构建与实习相关的信息交流平台，及时发布地方职业教育发展规划信息、实习单位的资质信息、实习岗位的需求信息及其他督查评估信息等。

（6）宣传激励。

组织教育以及其他相关部门对职业教育尤其是实习相关的法律、政策进行大力宣传，并采取激励措施调动相关主体的参与积极性。

（7）提供保障。

通过健全相关制度、完善管理措施、加大投入力度、提供税收支持等方式，为实习工作的开展提供制度、管理、组织、经费以及物质等多方面的有效保障。

2. 相关部门的主要职责

（1）发改委职责。

负责把实习纳入经济社会及教育发展总体规划，统筹编制实习建设项目规划，加大对实习的项目建设和投资管理等方面政策支持，推动与实习密切相关的职业教育管理体制和运行机制改革。

（2）教育部门职责。

负责实习的统筹规划、综合协调和宏观管理，研究实习工作的推进方式，联合其他相关部门制定实习的相关政策，配合政府组织对实习单位的资质认定和评估督查，对职业学校的实习工作实施管理。

（3）财税部门职责。

出台和完善对实习单位的经济补贴政策和税收减免政策，加大对学校实训基地建设的资金投入和财政补贴。

（4）人力资源与劳动保障部门职责。

负责实习指导教师及相关人员人事编制计划的配置和落实，加强对实习学生的劳动环境和实习补贴等权益保障的督察，严格推行职业资格证书制度和就业准入制度，建立健全技能人才评价体系和开展学生就业服务。

（5）经贸部门职责。

负责对实习单位进行资质评估与管理，构建实习相关信息的交流平台。

二、实习单位（企业）职责

企业等相关顶岗实习的职责主要有：

（1）与学校共同制定学生实习计划，与学校协商签订规范的符合法律规范的学生实习协议书，并严格执行。

（2）按标准向实习学生支付合理的实习补贴，根据不同行业和不同工种的情况，为实习学生购买人身意外伤害保险等相关保险。

（3）建立实习管理责任制，制订相应的岗位工作职责和管理制度，如《学生顶岗实习管理规定》、《学生顶岗实习考核办法》等。

（4）建立组织管理机构，配备管理人员，负责对学生顶岗实习进行管理，向学校及时反馈交流实习生的实习信息，做好实习评价工作。

（5）加强培训师队伍建设，建立健全培训师管理制度，挑选业务精、素质强、作风正的单位员工作为培训师，并与学校合作对培训师进行专门培训。

（6）建立学生实习岗位轮换制，为学生实习提供数量充足的岗位，根据学生所学专业和企业实际情况，对学生分阶段进行轮岗培训，使学生可以在不同岗位实习培训，具备从事本专业不同岗位的基本能力。

三、中等职业学校职责

1. 建立实习管理机构，明确相关部门及管理人员的职责

学校层面、专业系（部）层面可根据需要设立专门的管理机构，具体负责落实、协调、实施、管理学生实习工作。学校层面的机构可由学校教学管理、就业推荐、学生工作、专业系（部）部门的人员组成。相关部门及主要职责是：

（1）学校领导职责。

整体协调、宏观统筹实习推进工作，规划校内外实习（训）基地建设，与实习单位协商签订顶岗实习协议书。

（2）教学管理部门职责。

负责实习过程中指导教师的安排及工作协调，负责学生在实习单位集中授课的安排与协调。

（3）就业推荐部门职责。

负责选择实习地点和与实习单位进行协调，收集整理实习单位需求信息和学生实习过程中的反馈信息等。

（4）学生工作部门职责。

组织辅导员（班主任）对学生进行安全教育、政治思想教育、职业道德教育、实习动员等，采取现场管理、电话管理、在线管理等方式对实习生进行管理，建立学生实习档案等。

（5）专业系（部）职责。

与实习单位合作制定实习大纲、实习计划、学生管理条例等，制定和完善《学生顶岗实习质量保障办法》、《学生顶岗实习辅导员工作规范》等相关文件，实施实习就业信息化管理等。

（6）实习指导教师职责。

结合实习单位的实习条件，同实习单位的实习主管人员拟订出具体的实习进度计划；以定时定点到实习单位现场指导、电话指导、在线指导等方式对学生实习进行业务指导；与实习单位的实习指导教师交流合作对学生进行实习指导；配合实习单位给学生授课；与实习单位实习管理人员合作对学生的实习进行考核；在指导学生进行实习的过程中提高自身岗位实践能力。

2. 与实习单位协商研究制订实习协议和实习计划

实习协议是规范学校、实习单位和学生行为的规范性协议，是学生权益的重要保障。实习协议的主要内容包括实习补贴发放、实习安全保障（事故处理、实习保险、医疗保险等）、劳动保护、实习管理指导人员配备、实习纪律、实习期限、食宿安排、商业及技术

保密、违约责任等。实习计划是实习活动开展的直接依据。实习计划的主要内容包括实习时间、实习目的、实习纪律、任务和要求、实习内容与方法、实习期间的教学活动安排、学生考核方式和考核标准等，还要明确实习单位实习管理人员和学校实习指导教师的责任。

3．建立学生实习保障机制

在《中等职业学校学生实习管理办法》的框架下，制订符合学校和实习单位双方的操作细则，来保证实习的实施。如《校企合作共建实习、就业"双基地"细则》、《顶岗实习人才培养细则》、《校企共建校内、外实习基地细则》等。落实学生实习管理的人员保障、经费保障等。

4．建立学生实习约束机制

建立学生实习约束机制并制订出相应的管理办法，如《学生实习培养协议》、《学生实习管理规定》、《学生实习考核办法》等。强化对学生实习行为的规范，确保实习单位、学校有效推行顶岗实习工作。

5．加强实习学生日常管理

由专人负责跟踪管理学生实习全过程，建立健全日常管理制度和突发事件处理机制，做好服务与指导工作，督查《实习计划》的执行，做好学生实习考核工作。建立学校、实习单位和学生家长三方的学生实习信息定期通报制度、重大问题及时汇报制度、重大失误责任追究制度。会同实习单位和其他相关部门建立实习突发事件应急处理机制，切实保障学生的权益，减少突发事件的损失。

四、中职实习生职责

（1）服从带队教师和实习单位有关人员的领导。

（2）在实习教师的指导下，按照《实习教学大纲》和《实习教学计划》的要求和规定，严格认真地完成实习的各项任务，认真做好实习记录、撰写实习总结和实习报告，并按时参加考核。

（3）尊重实习单位的领导、技术人员和工作人员，虚心请教；主动参加实习单位的公益劳动和文体活动，协助实习单位进行技术革新。

（4）严格遵守学校实习纪律和实习单位的规章制度，尤其是实习现场规章、保密及安全制度，不得无故不参加实习，不得迟到、早退和中途离岗。有事向带队教师请假，未经批准不得离队，否则按旷课处理。

（5）实习过程中出现问题要与带队教师联系，不得随意自作主张。

（6）因事不能参加实习者，要有医院证明或书面陈述报告，向学校或系办理请假手续。

第三章　实习与职业能力和素质的培养

第一节　职业能力

一、职业能力概述

职业能力是人们从事某种职业活动必须具备的多种能力的综合，是就业的基本条件，是能否胜任职业岗位工作的基本要求，也是个人立足社会、获取生活来源并谋求个人更大发展、取得社会认可的根本所在。

任何一个职业岗位都有相应的岗位职责要求，一定的职业能力是胜任某种职业岗位的必要条件。一个人的职业能力只有在实际工作中锻炼才能不断发展提高。职业能力越强，各种能力越是综合发展，就越能促进自己在职业活动中的发展，就越能取得较好的工作业绩，越能给自己带来职业成就感。同学们需要尽早选准自己的职业方向，有意培养自己的职业能力。

二、职业能力的构成

由于职业能力是多种能力的综合，我们可以把职业能力分为一般职业能力、专业能力和综合能力。

1. 一般能力

一般能力是社会从业人员应该具备的共同的基本能力，主要有学习能力、语言文字表达能力、人际交往能力、团队合作能力、环境适应能力、心理承受能力、决策能力、创新能力、实际动手操作能力、组织协调管理能力、数字运用能力、空间判断能力等。

2. 专业能力

专业能力是指从事某一职业所需要的特殊的专门能力，由于职业不同，所需要的专业能力也不同。如公务员所需要的是行政职业能力，公务员作为国家机关工作人员，因其所从事的工作性质特殊，所以对行政理论、办公规则、工作惯例有一定的要求，要有较强的理解能力、判断能力、决断能力、创造能力、开发能力、表现能力、协调能力、涉外能力、指导能力、统率能力、调查研究能力及语言文字表达能力等。对上述能力的测查，表现在公务员录用考试的行政职业能力测验中，即言语理解与表达、数量关系、判断推理、常识判断、资料分析几个部分的测试。

3. 综合职业能力

超越一般专业能力领域以外而对职业活动的顺利进行以及促进职业发展发挥着至关重

要作用的方法能力和社会能力，称为"综合职业能力"。综合职业能力的基本含义是指上述具体的专业能力以外的能力，即与纯粹的、专门的职业技能和知识无直接联系或者说超出某一具体职业技能知识范畴的能力。它是方法能力和社会能力的进一步发展，也是具体的从业能力的进一步抽象。它强调的是，当职业发生变更或者当劳动组织发生变化时，劳动者所具备的这一能力依然存在。由于这一能力已成为劳动者的基本素质，劳动者不会因为原有的专门的知识和技能对新的职业不再适用而茫然不知所措，而是能够在变化了的环境中重新获得新的职业技能知识。这种对从事任何一种职业的劳动者都应具备的能力，常被称为跨职业的能力。由于这种能力对劳动者未来的发展起着关键性的作用，所以，在职业技术教育中又被称为关键能力。

综合职业能力包括方法能力和社会能力。其中，方法能力又包含独立思考能力、分析判断与决策能力、获取与利用信息的能力、学习掌握新技术的能力、革新创造能力和独立制订计划的能力等。社会能力则包含组织协调能力、交往合作能力、适应转换能力、批评与自我批评能力、口头与书面表达能力、心理承受能力和社会责任感等。

三、职业技术教育对职业能力的具体要求

1. 专业能力

专业能力指具备从事职业活动所需要的技能与其相应的知识，包括单项的技能与知识和综合的技能与知识。如车、铣、刨、钻、焊、可编程控制器的使用，金属加工工艺、调节技术、商品经营等知识。专业能力是基本生存能力，它是劳动者胜任职业工作，赖以生存的核心本领，对专业能力的要求是合理的知识结构，强调专业的应用性、针对性。

2. 方法能力

方法能力指具备从事职业活动所需要的工作方法和学习方法，包括制订工作计划的步骤、解决实际问题的思路、独立学习新技术的方法、评估工作结果的方式等。如制作一个复杂工件，要制定涉及工艺、材料、设备、标准等方面的具体工作计划；接受一项新的任务，要学会查找资料与文献以取得有用的信息等。方法能力是基本发展能力，它是劳动者在职业生涯中不断获取新的技能与知识、掌握新方法的重要手段，对方法能力的要求是科学的思维模式，强调方法的逻辑性、合理性。

3. 社会能力

社会能力指具备从事职业活动所需要的行为能力，包括人际交往、公共关系、职业道德、环境意识，例如与同龄人相处的能力、在小组工作中的合作能力、交流与协商的能力、批评与自我批评的能力以及认真、细心、诚实、可靠等。社会能力既是基本生存能力，又是基本发展能力，它是劳动者在职业活动中，特别是在一个开放的社会生活中必须具备的基本素质，对社会能力的要求是积极的人生态度，强调对社会的适应性、行为的规范性。

第二节　职业素质

一、职业素质概述

新的世纪，成功与成才已不单单依靠技术或技能，而更强调良好的个人品质、终身学习的理念和与人合作的精神。现代社会要求中职学生必须"学会学习、学会做事、学会共同生活、学会生存"，要求学生努力培养自己知识、技能之外的职业素质。

那么，到底什么是职业素质呢？职业素质是指劳动者在一定的生理和心理条件的基础上，通过教育、劳动实践和自我修养等途径形成和发展起来的，在职业活动中发挥重要作用的内在基本品质。简单地说，职业素质是劳动者对社会职业了解与适应能力的一种综合体现。

影响和制约职业素质的因素很多，主要包括受教育程度、实践经验、社会环境、工作经历以及自身的一些基本状况（如身体状况）等。中职学生毕业后能否顺利就业并取得成就，在很大程度上取决于本人的职业素质。人的职业素质越高，获得就业和成功的机会就越多。但是职业素质并非与生俱来，也难以一蹴而就，而要在学习和实习中不断地接受系统的学习和训练，经过长期的积累才能形成。

二、职业素质的构成

每种职业都有其各自的特点，并对从事这一职业的人员有着特殊的素质要求，即使是同一职业的不同岗位，对从业者的要求也不尽相同。因此中职生在培养自己的职业素质时，必须围绕其所学专业的不同特征，构建不同行业的职业素质。虽然有些职业或岗位所要求的某些具体职业素质可以在上岗后学习和培养，但社会对全部职业的基本素质要求却是相同的，而且是在学校学习中就需要培养和加强的。这些基本素质包括思想品德素质、职业道德素质、心理素质、科学文化素质、身体素质五个方面。

1. 思想品德素质

思想品德素质是指中职学生在思想意识、政治信念、政治立场、道德品质、爱国主义、集体主义、公民意识、法制观念等方面的综合体现。思想品德素质是职业素质中最根本的部分。思想品德素质不仅决定一个人的政治方向和行为方式，而且与科学文化、身心等素质密切联系，对它们起着主导作用。近年来，一些用人单位在考察和录用中职毕业生时首先考虑的是思想品德素质，其次是知识水平和知识结构，再次是体能和心理素质。用人德为先，因此在就业市场上学生党员、学生干部较受用人单位欢迎。

思想品德素质包括树立科学的世界观，确立正确的政治方向和立场，增强政治敏锐性和鉴别力；培养坚定的共产主义信念、全心全意为人民服务的思想、高尚的道德情操、诚挚的爱国主义情感、强烈的主人翁意识和法制观念等内容。思想道德素质具体包含以下几方面的内容：

（1）爱心。

爱心是每个人文明修养的基础，是扬善抑恶、趋利避害和乐于奉献的原动力。中职学生要从爱亲人、爱朋友、爱师长、爱同学做起，富有同情心，学会关心人，"老吾老以及人之老，幼吾幼以及人之幼"，切不可以恶小而为之，切不可以善小而不为。

（2）集体荣誉感。

集体主义是社会主义思想道德的基本原则，团队精神是中华民族文化的优良传统，要自觉地把实现自我价值与爱岗敬业、立业创业、实现集体价值紧密结合起来，把自我设计与集体的兴衰荣辱结合起来，这是当代中职生加强思想修养，树立正确价值观的基本要求。要从爱护公物、积极参加各项集体活动、热心参与社会公益事业做起，不损公肥私，不徇私舞弊，要视团队尊严为个人尊严，视团队名誉为个人名誉，时刻以"今日我以团队为荣，明日团队以我为荣"鞭策自我。

（3）团结协作。

当今社会科学技术发展日新月异，我们正处于知识经济时代，处于快速变化的数字化信息时代，各种知识的集成化、综合化趋势愈加明显。既分工又合作是现代企业员工必须具备的基本素质，是解决各种实际问题的客观要求。团结产生力量，成功需要协作，要从支持他人、配合他人做起，学会与人共处，学会与人共事，产生群体亲和力，形成群体凝聚力，防止内耗，避免出现"三个和尚没水喝"的现象。

（4）谦虚。

竞争是产生动力和保持活力的源泉，毛遂自荐、自我推销和主动寻找"伯乐"是解放思想并适应市场经济的积极行为。但是自我推销和谦虚并非根本对立、水火不容。谦虚是中华民族的传统美德，"虚心使人进步，骄傲使人落后。"谦虚能使人不满足现状而成为不知疲倦的人；谦虚能使人获得他人的尊重，形成良好的人际关系。

（5）诚实。

人民教育家陶行知先生说："千教万教教人求真，千学万学学做真人"，不唯上，要唯实，这是高尚人格的基础。以诚待人，作风扎实，说实话，办事求实效，其实也是善与美的一种体现。

（6）信用。

守诺言，不食言，言行一致是衡量一个人人品的砝码，正所谓"听其言，观其行"。那些语言的巨人，行动的矮子，可能会得一时之利，但终究不能获取众人的信赖，许多重要的机遇必然与之擦肩而过，即使是已经得到的机遇也会因不守信于人而丧失。

（7）文明。

一个人的言谈举止无不反射其自身的文化修养。社交能力是人的综合素质的重要内涵，尊重他人，善于换位思考，懂得节俭和节制，不奢侈浪费，不贪慕虚荣，讲文明礼貌，讲科学，反对封建迷信，拒绝邪教，这应成为当代中职学生基本的生活方式。

（8）健康的精神状态。

一个没有目标和追求的人是迷茫的人，一个不会与人相处的人是寂寞的人，一个不能控制自己情绪的人是危险的人。能否形成良好的精神状态对于中职学生的成长来说至关重要。一个人的精神世界积极、健康、正确的东西不去占领，消极、落后、错误的东西就必然要去填充。乐观豁达，不懈怠，勤思考，有恒心，自信而不自负，谦逊而不自卑，敢于迎难而上，视苦难为垫脚石，能正视挫折，勇于克服困难，战胜困难，善于自我激励、自我教育和自我调节，有利于形成健康的心理特征，有利于塑造稳定的个性和人格。

（9）宽广的胸怀。

对待他人宽容、宽厚，不斤斤计较，胸怀宽阔，心系全局，为人豁达，敢于承担责任，是人的思想道德素质的核心。得理不饶人者不足以使人敬，不谋全局者不足以谋一役，能权衡利弊得失、顾大局、识大体、光明磊落的人才是一个能使人们真正从内心深处对其产生敬意的人。

（10）遵纪守法。

法律和纪律是社会对人的道德的最低要求，是底线。学法、知法、守法、用法是公民依法保护自己和他人正当权益的必经之路。我们要培养的人才是"有理想，有道德，有文化，有纪律"的一代新人，中职学生作为文化层次中等的社会群体，应明是非，辨善恶，知美丑，严格遵纪守法，从自知走向自觉，从他律走向自律。

2. 职业道德素质

职业道德素质就是职业道德规范在从业人员思想及行为中的体现，是从业人员在一系列道德行为中所表现出来的比较稳定的特征和倾向，是职业道德行为的综合表现，是自觉自主的行为过程的积累，是凭借意志选择而获得的行为习惯，是在从业人员行为整体中表现的稳定特征和倾向。职业道德素质包括以下几个方面的内容：

（1）良好的理性修养。

高尚的道德修养、理性修养出信念、出认识；良好的道德实践出感情、出习惯。一个人具有系统的马克思主义理论修养，有辨别真伪的能力，才能使自己确立坚定的信念，将信念付诸实践，才能培养自己的道德感情，形成自己的道德习惯。很难想象，一个自身修养低下、缺乏正确信念的人，会是热爱祖国、坚定地走社会主义道路的人。

（2）强烈的职业责任感。

在自己的岗位上一丝不苟、精益求精，这本身就体现了一种责任感。一个没有责任感的人，不可能肩负起振兴中华的重任。一个从小没有责任感的人，长大后很难会对国家和民族尽责，我们更难设想一个没有责任感的青年会肩负起振兴中华的责任。

（3）敬业奉献。

未来社会的公民应具有对本职工作的敬业意识和为国家强盛、人民富裕而献身的精神。当今中职生应将"敬业奉献"作为自己的座右铭，把自己的职业当成自己的事业，职业本身就是为协调社会生活、为发展社会而存在的，它的本质是从属于社会而不是从属于个人的，在人们有限的职业生涯中最重要的是发扬为社会、为他人的奉献精神。

（4）乐业。

"干一行，爱一行。"只有乐业，才能从职业中得到精神享受。孔子说："知之者不如好之者，好之者不如乐之者"。人生能从职业中领略出趣味，生活才有价值和意义。对于职业的态度不同，有的是以热情拥抱的态度迎接职业，有的把工作当成了生活不得不做的苦役，其结果是，前者把职业当成是亲爱的永久伴侣，从中获益；后者则只是得到烦恼，甚至是伤痛。

（5）追求上进。

早在 40 多年前郭沫若就在《青年哟，人类的春天》一文中指出，"青年的精神便是向上的精神，没有本来就不自爱而自甘堕落的青年，除非是精神病患者"。从青年的成长特点看，蓬勃的生命力、旺盛的精力是青年追求上进的生理基础。每个青年学生一定要保持这种可贵的上进心，充满理想和激情，在实践中不断完善自我，以自己的个性、道德、能力、知识去奉献社会，充分体现自身的人生价值。

3. 心理素质

心理素质是指人在自我认知、情绪情感、意志、性格、价值观及社会交往与适应能力等方面的素养，是人在认知、情感、意志、需要、兴趣诸种品质上的特征。它是个体在环境的熏陶下，经过长期的修养，逐步内化出的一种心理结果。

近年来，社会对人才的需求发生了较大的变化，其中一个主要变化就是从专业型转变为素质型。现在大部分用人单位对毕业生不仅有专业技能上的要求，更重要的是综合素质上的要求。在综合素质培养过程中心理素质的好坏决定着综合素质的高低。如好的工作态度的背后要依赖良好、稳定的情绪作支撑，优秀的团队精神的背后需要宽容的心态作基础。因此，注重培养良好的心理素质是提高综合素质的前提。中职学生应注重培养、提高以下心理素质：

（1）积极的心态。

积极的心态是一种乐观、进取的心态，由希望、乐观、勇气、进取、慷慨等正面特征组成。如何培养自己的积极心态呢？一是从行动的角度培养，许多人总是等到自己有了积极的感受再去付诸行动，这实际上是一种本末倒置，心态是紧跟行动的。二是从语言的角度培养，运用正面的语言暗示也有利于积极心态的培养，如遇到困难的事情，不要说"我不行"，而应说"我经过努力一定能行"。三是从环境的角度培养，环境包括周围的人和事物，应该注意发现人和事物的闪光点，不要总是盯着别人的缺点和事物的阴暗面，你的心态自然就会积极起来。四是排除一些不良心态，如紧张感、颓废心态等。

（2）良好的情绪。

一个人过分情绪化是心理不成熟的表现，中职学生在求职时能够管理好自己的情绪可以为你提供更多的成功机会。在走向就业和职业成功的道路上，往往最大的敌人并不是缺少机会或是资历浅薄，而是缺乏对自己情绪的控制。愤怒时不能遏制怒火，使周围的合作者望而却步；消沉时放纵自己，把许多稍纵即逝的机会白白浪费。因此，同学们在平时要注意克服不良情绪。不良情绪包括恐惧、仇恨、愤怒、嫉妒、抑郁、紧张等。在这些不良情绪中，愤怒往往是年轻人最不容易控制的。

（3）较强的耐受力。

耐受力是一个人承受疾病、疲劳、挫折、艰苦的一种力量，是一种精神与肉体之间的协调。中职学生在找工作的过程中可能会遇到各种拒绝和失败，在将来的工作中也会有很多的不如意和困难。只有能够咬紧牙关忍耐下来，才可能在工作中取得成绩。

日本著名企业家松下幸之助说过："信心加忍耐能化一切不可能为可能，任何事情都离不开这个原则。虽然不见得会完全照着预期的方式进行，但只要咬紧牙关忍耐下去，在坚决的忍耐中，即使原计划不能实现，但环境状况也会改变，而出现一条可行的道路，或许是那种坚忍不拔的毅力激起外界的共鸣与援助，虽然与原先预定的大不相同，但终究是曲曲折折地迈向了成功。"

要培养自己在困难挫折面前的耐受力，首先要有一个正确的思维方式，对于困难，要学会辩证思维，找到其积极的一面。对于挫折，只要是不可避免的事实，首先思想上要适应它，然后才能想办法改善它或避免更坏的事情发生。如一杯牛奶被打翻了，与其捶胸顿足心疼那杯牛奶，还不如打起精神将玻璃杯和牛奶立即打扫干净，以免走路滑倒而受伤。其次要有一个正确的行为方式，面对困难，不是逃避，而是认真想办法解决。面对挫折（疾病、失意等），不要天天想挫折令人多么痛苦，而应立即找有意义的事去做，只有通过做事将时间排满才能降低痛苦感。

（4）适当的自信心。

自信心是关系到同学们能否顺利就业的非常重要的心理素质。真正有自信的人表现为能够正确认识自己，知道自己的长处和不足，既不自己贬低自己，也不盲目自负。

目前，很多中职毕业生容易走两个极端：自卑和自负。自卑感较强的人，常常通过牺牲自己的权利而向旁人证实自己，从而变得唯唯诺诺，丧失很多机会；自负心较重的人往往不认真审视自己，而是把自己罩在一个虚幻膨胀的光环中，变得盛气凌人，使别人敬而远之，实际上自负的人心里恰恰隐藏着深深的自卑，这两种心理状态都是由于不能正确认识自己导致的。

（5）良好的自制力。

我们身边不乏一些心理素质不健全的例子。如中职生小王从小就娇生惯养，事事由父母包办，饭来张口，衣来伸手，从来没有洗过衣服，平时只要不满意，就大发脾气，有着任性的坏毛病。到了职业学校后，没有了升学的压力，他没有确定新的奋斗目标，平时不能控制自己的行为，上课时经常做小动作，不是说话，就是开小差，或者干脆睡觉，经常受到老师批评。他自己也知道这样不好，但就是改变不了。父母每月给他的生活费总是大手大脚地花，缺乏合理的安排，是学校有名的"月光族"（即每月花光、用光）。不仅如此，他后来又迷上了电子游戏，钱更是不够用，欠了很多债。老师多次找他谈心，帮助他，但由于缺乏自制力，他还是我行我素，最终由于多门课程不及格，退学回家。小王的缺点在于意志不坚定，缺乏控制力，可见养成的良好心理素质对青年学生多么重要。

4. 科学文化素质

科学文化素质主要是指人的知识能力方面的素质，其结构也表现为两个方面：一是在知识积累方面的素质，二是在知识运用方面的素质。人们从事职业活动，必须具有一定的技术、技能，而培养各种技术、技能，必须以一定的科学文化素质为基础。具有一定科学文化素质是求职立业的必备条件，是从事职业活动的需要，是掌握专业技能的基础。科学文化知识越丰富，对技术、技能形成的指导性越强。

为了适应不断变化的新形势以及对就业者素质和能力的要求，中职学生不但要学习和掌握一定的科学文化知识，更重要的是熟练掌握技术应用技能，为求职立业做好必要的准备，这样才能适应未来的职业要求。

（1）技术技能素质。

技术技能素质（知识应用方面的素质）是指任职者从事某种职业所必须具备的技能。

中等职业教育就是要培养具有很强实践能力的应用型人才，掌握专业技术技能是中等职业教育学校学生的基本任务和基本素质。要掌握专业技术技能，一方面应该认真学习专业技术理论知识，做到"应知"；另一方面必须加强职业技能训练，做到"应会"。要积极参加实践活动，多动手、勤操作，不放过任何一次动手的机会。

（2）从事社会职业所需的专业素质。

专业素质是从事专业性强的专门工作所应当具备的素质。中职学生所学的专业不同，将从事的职业不同，专业素质的要求也不尽相同。下面介绍几类专业的基本专业素质。

①管理型职业应具备的专业素质

管理型职业是指企事业单位、机关、团体和其他组织机构中从事组织、决策、管理等事务的职业活动，主要包括国民经济管理、企业管理、金融管理、财政管理、外贸管理、行政管理等。从事管理类型职业的人员应具备的素质结构主要包括：一是忠实贯彻党的方针政策并能灵活运用，有高度的公仆意识的职业道德观念；二是具备坚实的管理专业理论和实践知识，同时掌握自然科学知识和社会科学知识的复合型知识体系结构；三是具备决策判断能力、组织实施能力和知识更新能力。这三个方面构成了一个管理者的基础条件和管理水平，关系到管理队伍的质量和效能，是选拔、任用及培养管理人才的内在依据。

②事务型职业应具备的专业素质

事务型职业是指与组织机构内部日常的制度性、规范性、信息传播等事务处理有关的职业活动，如打字员、档案管理员、办事员、秘书、图书管理员等。事务型职业对就业者的专业素质要求，在知识方面侧重于基础文化知识，要求具有一定的学历，对于职业技术专门知识方面有较具体的要求，如掌握计算机操作、会使用办公室自动化设备、懂得统计和档案管理知识、熟悉专门法规和规章条例，一些涉外单位对外语还有较高的要求。事务型职业中不少岗位要求员工遵纪守法，严守机密，有的还有礼仪方面的特殊要求。在能力方面要求具有较强的社交能力、语言表达能力和干练的办事能力等。

③艺术型职业应具备的专业素质

文化型职业是指从事文化创作，为社会成员提供精神产品的职业活动，如作家、音乐家、舞蹈家、摄影家、书画雕刻家、服装设计师、广告设计师等。文化型职业在知识和能力方面对就业者的专业素质要求主要有：一是能博采众长和广泛涉猎；二是敏锐的观察力；三是丰富的想象力；四是坚强的毅力；五是得天独厚的艺术天赋；六是创新精神，保持创作灵感。

④技术应用型专业应具备的专业素质

在我国的中、高等职业院校中，大部分工科院校毕业生走上工作岗位后都将成为工程技术人员。从各行业的工程技术应用岗位的要求来看，工程技术人员更应具备良好的专业素质：一是要有不辞劳苦、艰苦奋斗的创业精神和严肃认真、一丝不苟的求实态度；二是要谦虚谨慎，深入工作第一线，能和同事密切合作；三是在牢固掌握专业知识的基础上，对相近专业的知识也要比较了解，有较好的外语水平、计算机应用能力、语言表达能力和理论应用于实践的能力。

学习和掌握现代科学技术不是一件轻而易举的事情，要掌握过硬的本领，就必须有谦虚好学、刻苦钻研的精神，努力向一专多能型方向发展。能否实现这样的目标，不但是衡量一个人事业心强弱的重要尺度，也是衡量一个人职业素质高低的重要标志。

5. 身体素质

身体素质是指中职生应具备的健康的体格、全面发展的身体耐力与适应性、合理的卫生习惯与生活规律等。现代社会繁忙的生活、紧张的节奏要求投身进去的每一个人都必须具备健康的身体。好的身体素质一方面是先天遗传，另一方面也是后天培养和锻炼出来的。形成良好的生活规律、杜绝不良的生活习惯、合理安排工作和休息时间、加强体育锻炼是形成良好身体素质的根本保证。

第三节　实习对中职生职业能力和素质的提升

中等职业学校是培养技能型人才的摇篮。中职生是优秀人才的重要来源，是社会进步与发展的重要力量。随着我国各行业的不断发展尤其是社会主义市场经济体制的不断完善与加入世界贸易组织的深化，对拥有特殊技能的人员需求越来越多，而且对其综合素质与能力水平的要求也越来越高。

据调查的资料分析，许多用人单位反映，刚毕业的中职生在初入职场时存在职业能力和职业素养的欠缺，表现突出的是缺乏自主学习能力、动手操作能力、独立思考能力、表达能力、应变能力、适应能力、生活能力、团结协作能力、沟通能力、创造能力，同时缺乏吃苦耐劳、敬业奉献的精神品质。刚毕业的职校生之所以会缺少上述各种能力和素养，其原因在于中职学校与企业交流与沟通不够、合作和结合太少及由此造成的学校人才培养与企业人才需求的脱节。解决这一问题的最佳途径就是实习。通过实习寻找结合点，发现各自的需求和各自的不足与差距，明确今后各自的努力方向，进而不断进行调整完善，边实践、边学习、边思考、边提高，努力成为厚基础、强能力、高素质的优秀人才。面对中职生就业过程中出现的一些突出问题，中职生必须提高自身的核心竞争力。中职生的核心竞争力是指其专业知识达到一定水平，具备可开发可挖掘的潜能，具有开拓性思维。只要知识、能力、思维三方面水准达到一定高度，不管在什么样的市场状态下都可以无往不胜。中职生实习是主动培养中职生的综合能力，适应行业需求，提高就业核心竞争力的重要渠道。

一、自主学习能力的培养

中职生在校学习期间，在教师的引导下，自主学习能力和中学相比往往有很大的提高，以教师教授为主的被动学习局面大有改观，中职生学习的主动性、自主性与自由度普遍增强，但如果不与社会和行业的实际需求相结合，不经过实习实践，则往往存在很大的盲目性、局限性与不确定性，容易理想化或空泛化，缺乏针对性、方向性和准确定位，更难以把握自己的兴趣点、能力点和未来职业生涯规划。学习态度和再学习的能力往往是决定实习和就业的关键因素。

1. 自主学习能力的形成

通过不同课程、不同阶段、不同层次、不同形式的深入实习，往往能较准确地理解与把握所学专业的实际情况与发展方向以及对人才能力的需求，再通过与自己能力、兴趣和需要的对比，能更好地发现自己的优势与不足，促使自己深入思考和反省，从而更主动自觉地学习，积累与优化自己的知识、技能、素质和兴趣结构，校正未来职业生涯规划，并自主为之努力学习。同时在实习过程中能印证自己所学知识与技能，运用所学解决实际问题，并发现生产实际中存在的问题，明白科技知识的有限、技术的落后、书本理论和技术与实际生产的脱节等，亲身品尝成功的快乐，从而增强专业兴趣与自信心，激发自主学习的动力，更好地培养自主学习的能力与习惯。自主学习能力的培养与提高，能促进中职生终身学习意识和习惯的形成，这是社会飞速发展进入信息时代和知识经济社会对人才的必然要求与选择，更是当今职校生必备的能力与素质。当代科学技术发展越来越快，新技术的出现与更新换代速度加快，空间技术、计算机技术、新能源、新材料等技术的发展，由过去的几十年甚至上百年缩短到现在的几年；科技成果转化为社会生产力的周期也越来越短，在某些领域，知识的衰减速度达到每年 $10\% \sim 20\%$，知识的半衰期已缩短到 5 年。这就意味着一个人在学校学到的知识，可能 5 年之后就落后，所以只有靠终身自主学习使知识不断更新，才能适应科学技术的快速发展，才能立足于快速发展的社会和行业。

2. 培养专业兴趣

"知之者不如好之者，好知者不如乐之者。"如果你对某领域或专业充满激情，就有可能在该领域或专业中发挥自己所有的潜力，甚至为之废寝忘食，使学习成为享受。因此首先应开阔视野，寻找专业兴趣点；其次爱你所选的专业，使之成为终身不变的志向，努力为之自觉学习和实践。

3. 独立思考与分析能力的形成

独立思考与分析能力是自主学习的必然要求和必备能力。实习摆脱了以教师诱导思考为主的被动学习环境，打破了"标准答案"、"固定模式"的统一思维程式，而社会与生产实际复杂多变，涉及的问题与领域方方面面，不仅有所学专业还有其他专业、管理、生活、社会等问题，要求中职生更多地依靠自己进行独立观察和思考，发现与解决实习中所面临的实际问题，利用自己所学或收集资料、调查、研究，请教他人等，提出与制定解决问题的方案，学会用自己的声音与思考表达，哪怕是不成熟的，甚至是错误的，但那是自己自主的想法，有利于克服依赖心理和"等、靠、要"习惯，并催人不断思考、改进和积累经验，从而大大增强独立思考与分析解决问题的能力。

4. 学习能力和方法的拓宽

对于错综复杂的实习内容与环境，尤其是生产实习与毕业实习，仅靠单一的向教师与课本学习显然是不够的。首先，应学会利用课本以外的书籍如专业参考书、杂志、报纸和其他媒体如电视、光盘等媒介要资料、找信息，包括跨学科的材料，开阔视野积累所需的知识与技术；其次，利用互联网拓宽资料的来源与领域，并增强资料的时效性、先进性和广泛性，通过独立思考与分析整合，帮助解决问题。再次，学会向别人学习，与周围同事尤其是技术人员建立和谐融洽的人际关系，平时注意交流沟通，增进友谊，学习他人经验，积累自身能力，遇到问题时诚恳虚心地向他人请教，也是非常有效的解决问题和提高自己能力的途径之一。

自主学习能力的培养是多方面的。在实习过程中，中职生还应扩大活动范畴，如参加学术交流、报告会、技术咨询、社团组织、参观、考察、研讨、科研活动等，主动把握和发掘自己的优势、心智、情感、经验与直觉；有意识地主动寻找自己的能力、激情与才智的最佳结合点。学会怀疑、学会理解，发现自己的趣味，并不断地测试自己的能力，找出自己的自信点，找到自己的最佳状态，进而发现自己能干什么、愿意做什么和能做好什么，从而确定好自己的职业生涯发展规划，为此不断储备能力与素质，并努力为之奋斗。

实　例

小 A，男，某中职学校园林专业学生。在校学习期间成绩一般，担任系学生会副主席，大四时在某园林绿化工程公司实习。在实习初期，由于专业知识、技能不扎实，不愿意从事园林苗木管理与园林工程施工，而觉得自己交际能力强，适合从事苗木销售，愿意进入市场销售部，但由于种种原因未能如愿，只好硬着头皮进入了技术部。起初遇到问题他就给学校老师打电话，由于请教问题得到了解决，再加上自己不断查找资料，小 A 对园林苗木管理逐步产生了兴趣，看着经自己管理培育的树木绿油油的苗壮生长，自豪感油然而生，管理更加投入，他不仅向老师请教，还虚心向公司技术人员学习，并自己购买了有关园林育苗的书籍和光盘，上网查找信息和技术资料。公司领导见小 A 工作踏实敬业、吃苦耐劳，就主动让其参加对外园林工程施工，小 A 更是发挥自己交际能力强的优势，通过多种途径自主学习，虚心请教，很快胜任了工作。看着自己用智慧与汗水参与的园林绿化工程，把一片片零乱荒芜土地变成了美观漂亮的草坪、绿树、花木与假山、水榭，小 A 更增加了为之奋斗的决心与信心。三个多月毕业实习结束后，小 A 受聘于公司技术部，目前已担任技术部经理，成为公司的技术骨干。

二、实践能力的培养

中职生的实践与创新能力是中职生可持续发展的核心竞争力。中职生实践与创新能力的培养是中等职业院校的重要任务之一，也是衡量毕业生质量与教学水平的重要指标。尤其是随着社会主义市场经济的逐步建立与完善，中职生就业实行"双向选择，自主择业"，中职生的实践能力的高低越来越成为学校与用人单位关注的焦点，也成了制约中职生就业率的重要因素。"实践出真知，斗争长才干"，改革传统教学模式，重构实践教学体系，不断提高中职生的实践能力已成为中职学校与中职生的共识。而最有效的实践教学体系就是增加实践教学环节，即实习环节。通过认识实习、课程实习、生产实习、毕业实习等不同阶段、不同层次的实习，促使中职生与社会和行业生产实际紧密结合，促使专业理论与实践紧密结合，从而切实提高中职生的实践能力。中职生实践能力一般主要包括动手操作能力（专业技能）、解决问题能力、适应能力、吃苦耐劳能力和创新能力。

1. 动手操作能力的培养

传统教育模式下实践教学处于从属地位，中职学校与学生一般只重视课堂理论知识的讲授与学习，再加之实践教学实习经费不足与实践场所的严重不足，许多实践教学内容被取消或时数被压缩，同时一些专业教师由于实习的复杂与艰苦性，以及实践教学改革的不配套、不合理，也不愿意安排或参与实习，导致中职生实践能力尤其是动手操作能力得不到实际的锤炼与加强。"百闻不如一见"、"百学不如一练"，中职生动手操作能力的提高只有通过实习反复实践、不断磨炼才能实现。

（1）学校必须在理论教学的基础上根据专业课程与生产实际需要明确各专业各门课程专业技能项目和操作要点及考核办法，安排足够时数的实习教学，同时建立适应中职生实习要求与专业对口的校内、校外实习基地作为实习场所，并选配业务精、事业心强、动手操作水平高的专业教师或技术人员进行实习指导，手把手帮助中职生提高动手操作能力。

（2）中职生充分利用实习的难得机会深入生产第一线，不怕吃苦流汗，本着对自己、对社会高度负责的态度反复实践，虚心请教，不断总结和修正操作要领，切实提高专业动手操作能力。

（3）加强动手操作能力的严格考核与验证，不合格不准毕业。同时切实能够解决实际生产中存在的问题，并允许中职生勇于试验，增强中职生对专业的自信心与兴趣，使之主动自觉提高。

（4）中职生正处于生命力最旺盛、精力最充沛、最有青春活力的时期，好奇心、观察力、理解力、记忆力与操作技巧能力处于一生的最佳状态，充分利用实习阶段开发中职生的综合能力尤其是专业动手操作能力效果最为显著，事半功倍，受益终身。

2．解决实际问题能力的培养

实习就是帮助学生培养独立分析、判断、解决实际问题的能力的过程。中职生学习的目的尤其是实践教学的目的就是充分利用课堂所学的理论知识、专业知识和技能，解决社会与生产中实际的问题，服务于现实社会，服务于行业生产，从中实现自我价值。解决实际问题能力是针对生产或专业中出现的具体问题采取具体措施或办法使问题有效地获得解决的能力，是专业动手操作能力的延伸与升华，是中职生综合能力提高的具体体现。中职生解决实际问题能力的培养并不是一朝一夕所能做到的，需要学校、中职生与社会密切配合、相互协调、共同努力才能实现。实习尤其是生产实习与毕业实习就是各方协同提高中职生解决问题能力的重要途径。

（1）发现问题。

安排中职生进入农场、企业和公司等，大胆使用，顶岗实习，使之真正融入生产和工作一线，在工作中锤炼领悟。在锤炼中善于和敢于发现问题，包括专业技术问题、管理体制问题、经营问题、发展问题、用人及人才结构问题、生活问题等，并初步形成自己的想法与观点。

（2）提出解决方案或建议。

针对生产或工作中的某一问题或几个问题，进行深入细致的调查研究，掌握第一手资料，并收集与之相关的行业或部门的国内外资料和信息进行整体分析，不要操之过急，要科学务实，提出初步解决方案，然后征求有关领导、技术人员的意见或建议，进行补充修正，最后确立实施方案或建议。

（3）解决问题。

实施方案或建议征得主管部门领导同意后，进行充分的准备，并严格落实，确保达到预期效果，解决实际问题。在解决实际问题过程中要善于与别人合作沟通，诚恳请教他人，求得理解、支持与帮助，切忌孤芳自赏、目空一切，更不要急于求成，好大喜功，否则事与愿违、事倍功半，甚至惨遭失败。

解决实际问题能力的培养和提高永无止境，需要反复实践，不断积累。中职生本身必须充分利用一切机会与场合自我加压，亲自实践，勇于进取。除了积极参加学校安排的实习外，还可找机会争取在老师手下做些实际的项目，或者走出校门打工，只要不影响课业，都是值得鼓励的，都有利于实践能力的培养和提高。

3. 吃苦耐劳能力的培养

吃苦耐劳能力是当今中职生普遍缺乏而且容易被忽视的一种能力，是中职生更好地适应艰苦环境和工作需要必须具备的基本能力之一，更是中职生提高实践能力，不断创新发展和深入探索的基本要求，是中职生意志、耐力、人品的重要体现。有些中职生在新工作尤其是艰苦工作和环境面前，因缺乏吃苦耐劳能力和精神，在考验面前和关键时刻退缩却步，失去了发展机会，有的中途退却，充当逃兵，留下终身憾事。当今社会各行各业都在改革创新，获得了快速发展，而改革创新需要吃苦耐劳、勇于探索、坚忍不拔的勇气与精神，这样才会有突破和发展。作为新世纪的中职生，肩负着建设祖国的伟大使命，应该努力在艰苦的环境和条件下磨炼自己，培养自己吃苦耐劳的能力和综合素质，树立远大理想，成就一番伟业。

（1）积极投身艰苦的环境和工作中体验和锤炼。

实习是锤炼与培养吃苦耐劳能力的最好机会，应勇于选择艰苦的实习单位和实习任务，体验别样的工作和生活经历，锤炼与培养别人所少有的坚强意志和吃苦耐劳的能力，领悟艰苦条件下的酸甜苦辣和心灵反应，透视艰苦环境下人与人的亲密关系和不屈不挠的抗争精神。这种亲身的体验和感情将会影响实践者今后对工作与生活的态度和信心，使实践者终身受益，成为成就伟业的重要基础。

（2）向基层的工人和职工学习。

实习过程中除了要与上级领导者和管理工作者协调关系，听从安排以外，最重要的任务之一就是放下身段向周围的工人和职工虚心学习。不仅要学习娴熟的工作技术和经验，更要学习其吃苦耐劳的能力和忠于职守、安心工作、不畏艰辛的精神，并以其为榜样和动力，做好本职工作。要克服自以为是、目空一切、挑肥拣瘦、拈轻怕重、松懈推诿的不良现象，高质量地完成实习任务。

（3）勇挑重担，积极探索。

面对艰苦和复杂的实习任务，不回避逃脱，迎难而上，不畏艰辛，敢于面对困难，敢于挑战自我，在繁重工作中锤炼意志和能力，增强信心，并在工作中积极探索，开拓进取，努力创新，不断积累和提升自己的实力，为胜任和驾驭复杂繁重的工作奠定基础，实现自身理想和价值。

4. 创新能力的培养

实践是创新的基础和归宿，是社会与行业不断进步和发展的原动力。如果认真总结与反思，不难发现我国中等职业教育在人才培养方面长期存在的一些问题没有得到根本解决，如重书本知识传授轻实践能力培养、重间接知识学习轻直接经验获得、重教师课堂讲授轻学生实践探索、重考试成绩轻技能考核、重常规能力的培养轻创新能力培养等，有的学校这些问题非常严重，导致有创新能力的人才太少，能脚踏实地动手创新的人才更少。

中、高等职业院校要造就大批各行业亟须的高素质人才，就必须注重实践教学，通过实践实习教学有意识地培养中职生的创新精神和创新能力，增强中职生的核心竞争力，适应时代发展的需要，促进中职生的可持续发展，为社会主义建设建功立业。

（1）培养创新精神。

中职生不仅要通过理论学习拥有较为扎实的基础知识与专业理论，更要通过实习实践培养开拓创新精神和寻找知识、创造知识的能力。只有创新，科学才能进步，社会才有发展，历史才会前进。开拓精神和创新能力是当代中职生必备的重要能力之一。当今社会知识处于知识爆炸年代，新知识、新技术、新成果不断涌现，因循守旧、墨守成规、人云亦云者，必然被时代所淘汰。只要敢于创新、善于创新、不保守、不故步自封，人人都可以在实践中创造新知识、新技术。

（2）培养开拓创新的能力。

任何一个新的思想、新的设计、新的发现，都是在实践中经过反复复杂的思维劳动再创造的结果。每个中职生都羡慕那些卓有成就的科学家、工程专家、思想理论家的非凡创造能力，也希望自己有那样的创造能力。创新思维能力是指具有推陈出新的能力，敢于提出与众不同的、与以往不同的、独树一帜的、具有创意的思想、方法和措施。创新能力的培养就是通过人们在已有的知识、经验的基础上，对丰富的感性材料进行"去粗取精，去假存真、由此及彼、由表及里"的改造制作来实现。它是在依据客观事实的基础上，充分运用创造想象，提出科学设想，再经过反复实践和科学研究，揭示事物发生发展的内在规律，在艰苦实践中锤炼形成和完善的过程。当代中职生有思维敏捷，接受新知识、新事物快，工作热情高，思想束缚少的特点，在学习与实践中勇于开拓，大胆创新是中职生应有的能力，也是时代发展的必然要求。

（3）充分利用开拓创新的机会。

中职教育中以学习已有知识理论和技能为主，培养开拓创新能力的机会不多，而开拓创新能力的培养又不能等到就业之后。充分抓住各种实习实践的机会，有意识地、主动地锻炼和提高创新能力无疑是最佳路径。同时，实习尤其是生产实习与毕业实习，是在中职生已经具备了较多理论知识与较强的专业技能及较高的综合素质的基础上进行的，直接面对生产和工作第一线，而且往往是多门课程多学科交叉实习，接触实践的领域十分广阔，涉及的实际问题很多。因此，只要充分抓住机遇，充分利用已有专业知识，不怕吃苦受累，进行深入细致的调查研究，善于发现问题，大胆质疑，敢于创新，勇于实践，就能突破创新难关，达到成功的彼岸。

三、适应能力的培养

面对错综复杂的现实社会和日新月异的行业调整和变化，许多刚刚走向社会参加工作的中职生普遍感到力不从心，难以适应，同时学校与社会的差异也日益显现，人群结构、知识结构、工作心态、工作目标、所需技术、人际关系等都发生了很大变化，自己的角色地位也发生了实质性的转换，自己的专业能力、思维方式、综合素质等方面的缺陷与劣势也随着时间的推移越发凸显，甚至对自己的能力水平产生怀疑。中职生适应能力差也是最近几年用人单位反映比较多的普遍问题，问题出现的重要原因就是中职生接触社会和与人共事的经验少，锤炼不够，缺少亲身感知和自我反复调整磨合的过程，造成中职生生活能力、应变能力和沟通能力等不足，尤其是心理承受能力不够，抗挫折能力差，遇事惊慌失措，易走极端。解决问题的出路就是学习期间增加实习实践环节，增加中职生接触社会与行业的机会，缩短毕业后的成熟期，增加适应能力。

1. 正视自己，转换角色

实习尤其是生产实习和毕业实习，正是锤炼自己，增加适应能力的最好机遇。中职生应正视自己，主动转换角色，以"单位员工"的身份严格要求自己，尤其是平时锤炼少、不善交往、性格内向的中职生，更应抓住难得的机会。同时正确看待自己的适应能力，循序渐进，逐步提高，不要过于强求。每个中职生从学校到社会都要经历一个磨合期，要自我调整思维、观念、理想和行为。经历了苦闷、挫折、成功、自信之后才能真正地融入现实社会中。适应社会、适应工作，有的快，有的慢，有的短，有的长，都是正常的。

正确认识和面对挫折，调整心态、毅力、忍耐力，不怕吃苦，不退缩，勇于突破自己的无数个第一次，迈出无数个第一步，展示能力，自然会苦尽甘来。了解形形色色的人，见识形形色色的事，从学校的理想框框之中跳出来，全新地看待社会中的人与事，全新地接触行业的现状及发展，就能够大大增强自己对现实的适应能力，从而以崭新的姿态和思维更好地工作、学习与生活。

2. 培养沟通能力，增强自信心

中职生要善于沟通，在工作与生活中提高与人沟通和合作能力，减少封闭和误解带来的种种烦恼，提高工作和生活质量。在实习过程中，中职生往往不能脱离书本上的条条框框，不能与现实的实际结合，缺乏因地制宜、因势利导的能力，而难以与工作实际结合，甚至出现失误而影响实习效果，这是中职生的通病。只要学会与有实践经验的技术人员、工人等交流沟通，虚心请教，并与自己所学专业知识与技能紧密结合，不断在工作中积累经验，就会逐渐走向成熟，增强信心。同时要学会与领导沟通，敢于说话。实习中，当别人有了工作错误，施工与设计中出现问题时，要敢于善意指出或向领导汇报，求得解决和指正。否则，如果认为与我无关，不敢沟通汇报，工作出现失误，造成损失，将直接影响实习效果，很难继续实习。要以灵活的沟通、踏实的工作、认真的态度，赢得同事的理解和信任，以成功的事例与业绩增强自己的信心与自豪感，从而以更加努力的工作和良好的精神状态投入新的工作和生活。因此沟通能力的提高和自信心的增强是全面提高中职生适应能力的重要方面。

3. 提高应变能力，适应工作需要

面对变化多端的市场经济，特别是变幻莫测的世界市场，以及激烈竞争的行业压力和日趋复杂的工作生活环境，中职生必须提高应变能力，才能适应未来工作与生活的需要。机智敏捷的应变能力是中职生适应能力高低的重要体现。这方面的能力培养与发现在过去传统教育中常常被忽视，也是在现在规范、系统的校园教育中难以实现的，但在现代社会工作与生活中又显得日益重要。应变、机警、敏捷、快速、准确、有序等要求，已经成为当代中职生应该有的思维品质和应变能力。在市场竞争的条件下，特别是在世界市场上竞争，工作人员和领导者没有机智敏捷的应变能力就等于自我淘汰。过去长期形成的对人才所要求的老成持重、忠厚老实而演变成的慢慢腾腾、拖拉、应急不急、应快不快的工作作风，已经严重不适应今后工作的需要。因此，在当前的中等职业教育中，培养与提高中职生的应变能力，已成为当务之急。

（1）创造复杂与激烈竞争的实习环境。

中等职业学校在安排大实习时，尽量选择在行业中技术复杂、产品种类多、竞争压力大的企业或公司，让中职生参与其中，亲身感受行业产品市场竞争的压力和单位内技术、人才、岗位的激烈竞争和变化，在感受竞争受中提高自己的应变意识和应变能力。同时在实习中有计划地不断调整中职生的实习岗位或部门，以增加实习内容和锤炼机会，提高中职生对部门、岗位、人员、内容等的应变与适应能力。鼓励中职生更多参与社会活动，如公益项目、集体活动、会议、外联、咨询服务等，积累更多的实践经验也有利于提高应变能力和综合素质。还可以通过安排社会调查、社会实践、就业洽谈、科研项目、项目规划设计、技术竞赛等，提高中职生的应变机会和适应能力。

（2）主动参与，积极应变。

中职生本身应对学校安排的实习实践和各类活动不等不靠，不推不诿，主动参与，争当主角。面对复杂多变的事件，处事不惊，沉着应对，并有意识地锤炼自己胜不骄、败不馁，百折不挠的精神和坚忍不拔的毅力，迎着困难上，方能立于不败之地。实习中对工作不挑不拣，服从安排，从小事做起，从别人不愿意做的事做起，从困难的事做起，从中体验与积累别人所没有的经历和经验。那么，面对未来发生的事件，你就会拥有别人所没有的应变能力。应变能力的提高，要靠自己在实践中不断磨炼和总结积累。机会永远属于有所准备的人，把握机会，主动出击，往往会有意想不到的收获。

（3）收集信息，提早准备。

收集信息就是能够通过浩如烟海的各种现象和资料，最快地获得对自己、对事业有价值的知识和信息。在实习和工作、生活中要收集积累各类信息。谁拥有的信息量大，谁能熟练地处理与提炼纷繁复杂的信息，谁就会在未来的竞争社会中占据优势地位。把握信息并提早准备，就能在激烈的竞争中从容应变，赢得主动。中职生在实习期间就应有意识地主动学习专业知识、行业规则，通过各种媒体，尤其是互联网，猎取各种信息，如所学专业的国内外现状、存在问题、发展趋势以及新知识、新技术、新理念，所学专业及相关专业的就业情况、就业信息，相关单位的发展情况和实力等，提早掌握和分析，提早做好心理与能力准备，有备无患。否则，面对实习、面对就业，毫无准备，必将手足无措，从而丧失良机。走上工作岗位前的中职生竞争力较弱，提高掌握和处理信息的能力是中职生提高应变适应力的有效手段，能为中职生竞争提供更多的机会与渠道，也能赢得更多准备时间，做好充分的准备，从而获得更多、更好的成功机遇。

（4）积极主动面对一切。

中职生对实习中遇到的一切，都应积极主动面对，不等不靠，是增强适应性的最好选择。同时不要把不确定的或困难的事情一味搁置起来，否则将使你面前的机会丧失殆尽。要事事用心，事事尽力，不要坐等机遇上门，要积极创造机遇，时刻把握机遇。还应以终为始，积极地搞好规划，不断适应新的变化，不断向自己的理想目标努力，最终达到成功的彼岸。

四、掌握信息能力的培养

掌握信息能力就是能够通过现实工作和生活环境中繁杂的各种现象、各种媒体，最快地筛选获得对自己有价值的知识和信息的能力。当今社会正处于社会转型期，中国传统的计划经济正逐步转向市场经济并得到不断完善，同时中国已经加入世界贸易组织，经济全球化的影响将越来越大，各种现象、各种思潮、各种行为互相交织，层出不穷。谁拥有的信息量大，谁会熟练地处理纷繁复杂的信息并加以利用，变成自己的观念和行动，谁就会在未来的竞争社会中赢得主动，占据优势地位。中职生实习教学是中职生接触现实社会、行业和各种人群最多、最集中的阶段，也是锤炼和培养中职生获取信息和掌握信息能力的最佳时机。面对实习过程中浩如烟海的各种现象，获取有价值的信息并加以利用，无论是对提高实习效果、实习质量，还是对树立自身素质形象和顺利就业等，都有特殊的价值。

1. 跳出"专心学习"的禁锢，放眼现实社会

实习阶段尤其是生产实习，不同于校园内课堂系统学习，其所涉及的知识和环境更广泛、更复杂，不仅扩大了专业知识与技能的范围，还涵盖了组织管理、人际关系等方方面面，这就要求中职生要跳出校园内专心学习不问其他事情的环境氛围。面对各种信息的冲击，从思想和行为上，主动适应和了解社会环境，并正确分析判断各种现象，领悟其中的奥妙，从中锤炼自己的工作能力，开阔自己的思维视野，正确处理好实习中出现的各种问题，积累工作和生活经验。

2. 主动搜集信息，提高实习质量

中职生在实习过程中，不仅要正确把握分析各种现象，处理好工作和生活中出现的各类问题，还应深入到实习的各个领域，多调查，多接触生产，多与人交流，主动搜集信息，发现问题，并认真加以整理分析，通过深入研究，寻求解决的办法与途径，变被动为主动，增强实习的主动性和能动性，提高实习的层次与质量。

3. 正确掌握获取信息的手段与方法

进入 21 世纪，互联网已成为人们生活必不可少的工具，精通电脑成为中职生必须具备的基本功。电脑与互联网，可以使我们在获取信息的速度、数量、质量、范围上占有绝对优势，从而使我们在各方面超过别人，不落后于他人。职校学习不同于中、小学，更应重视学习的手段和方法，增强学习的主动性，扩大学习领域。过去人们主要通过图书馆等有限的资源去获取知识，而今通过互联网，学生获取知识的来源和交流的领域比原来扩大了许多。中职生将在学习、就业等方面更具有竞争力，从而在更广泛的领域内实现自己的理想和价值。因此要求每一个中职生无论是学习还是实习过程，都应熟练地掌握电脑操作和网络技术，还要建立学生自己的网站，在网站上有自己的 e-mail，通过互联网与自己的同学、朋友、专家等进行快捷的、全方位的信息交流，提高自己解决问题的能力和层次。

五、组织管理能力的培养

中职生的组织管理能力主要包括综合分析能力、表达能力、指挥协调能力、谋略计划能力、制定政策与制度能力、检查指导工作能力、组织实施能力、决断能力、应变能力等。市场经济意味着竞争，竞争对各行各业的组织管理提出了新的要求。"向管理要效

益"、"向管理要质量"、"向管理要人才"已经成为现代企业管理的共识，也充分说明了管理的重要地位和作用。组织管理人才的水平和层次是企业和部门可持续发展的核心。现代人才既要懂专业，又要善经营、会管理。中职生实习教学是中职生接触社会和行业的最佳机会。

抓住实习良机，主动面对实习遇到的各种问题，锤炼和积累组织管理能力是实习的重要内容和目的之一。

1. 不挑不拣，主动承担任务

实习过程有许多实习项目和内容，有的好、有的坏，有的脏、有的累，有的容易、有的艰苦，不管是哪类项目都要勇敢面对，主动承担，把每一项实习都当作是一种考验、一种锤炼，而且越是无人愿意干的项目、越是别人不愿组织的活动越能获得别人没有的体验和锤炼，越能积累超越别人的组织管理的经验和能力。承担的任务越多，积累的经验和领悟的内容也就越深刻，思路和创新意识也就越宽越强，从而提高组织管理能力。

2. 留心观察，虚心请教

在实习过程中注意留心观察实习单位的组织管理机构和各级组织管理部门及其领导的分工职责和管理特点，分析其优缺点和管理的长处与不足，并进行换位思考，取长补短，虚心请教。学习别人好的管理经验和技巧，特别要注意行业的管理标准、政策、法规以及单位部门的规章制度，注意协调好与上级领导、同行同事、同学的关系，争取大家的理解与支持，善于与他人合作，依靠大家的力量，齐心协力，共同做好工作，增强自己的组织管理水平。

3. 积极探索，勇于实践

组织管理能力的提高需要在实际工作中积极探索，勇于实践。面对错综复杂的环境和工作，要有信心，要有勇有谋，敢于实践；要相信自己的实力，充分调动自己的潜能和各种能力，认真对每一项工作进行组织管理；要善于争取上级和同事的支持与帮助，善于调动大家的积极性与创造性。要注意诚实守信，平等待人，严于律己，以身作则，用良好的形象和作风、扎实的能力和优良的素质影响周围的人；学会与不同类型和层次的人合作共事，尤其要能够与自己性格、爱好不同，甚至持反对意见的人和平共处；同时不断总结和修正组织管理思路，与时俱进，适应发展变化的工作和人员素质需要，形成自己独特的组织管理风格和人格魅力，在工作实效与业绩中不断提高自己的组织管理能力。

4. 开展活动，显现能力

组织管理能力是一种综合能力，应表现在实际实习工作中，在组织开展各种实习活动中显现自身能力。中职生应善于抓住机会，积极参与各项有益于自我身心健康和提高自我能力、素质的集体活动，如参与演讲赛、歌咏赛、联欢会、体育赛、兴趣小组、征文赛等。善于与实习单位和外单位开展各种形式的联谊活动。认真完成好实习中各项工作和活动，在活动中要善于制订计划，目标要清晰，制度要严密，分工要明确，措施要到位，要讲究实效；要善于协调各方面的积极性，尤其要争得有关部门领导和教师的支持和参与；要善于协调各方面的力量开展工作，组织活动。在组织活动时，应统筹兼顾、临阵不乱、处事不惊、有条不紊地把活动搞好，尤其应该能够驾驭学生集会、各种会议、各项比赛、文艺联欢等大型活动。

5．善于表达，精于动员

中职生较强的组织和管理能力还应体现在有较强文字和口头表达能力及动员能力上。中职生在组织活动和开展实习工作时，必须制定详细可行的计划，并进行及时的宣传，以及报告演讲、组织实施、总结典型等。这就要求中职生要有一定的影响力和号召力，善于鼓舞教育同学或有关人员、群体，并能准确无误地把活动的意图和要求传达给别人；能及时地把上级的精神和工作要求、活动的工作安排，通过语言或文字的宣传，变成广大同学或别人的实际行动，并获得满意的结果。

六、人际交往能力的培养

人际交往能力即交际能力或社交能力。交际能力就是指中职生在一个团体、群体内或在社会交往中与他人和谐相处，顺利工作和生活的能力。人是社会的人，工作和生活离不开社会，离不开与他人的交际。交际能力和人际关系是决定一个人能否成功的关键因素之一，直接影响一个人能否顺利发展。当今的中职生大多是独生子女，平时与社会与他人的交往较少，除了与父母相处外，独自学习和生活的时间较多，从而造成了一定的封闭性。在校园里主要与同学、教师和职工交往，交际面窄而且相对简单和单纯，中职生在交往方面缺乏足够的锤炼和经验。实习教学尤其是生产实习或毕业实习，给每一个中职生提供了就业前接触社会、接触行业、与他人交往的锤炼机会，也是检验中职生交际与适应能力的很好的场所。每个中职生都应抓住实习机遇把握自我，知难而进，迎接挑战。

1．把握良好心态，勇于与人交往

中职生在实习过程中要努力培养自己的交际能力，培养积极的心态，尊重他人、理解他人、关心他人。在实习工作与生活中，要主动与他人交往，清除恐惧、封闭、对立、嫉妒、功利、义气等不良交往心理，培养平等、自尊、真诚、友善、宽容等健康交往心理和发展原则。勇敢面对不同阶层、不同类型的人和场合，勇于接触和交往，尤其要敢于面对与自己不同的人，而且还要不怕出身、相貌、经历、地位、级别、贫富、善恶等，并在交往中不断完善与提高自己修养，积累知识和阅历，体会和把握交往的心态、方法与技巧，以诚交友，以诚办事，用真诚来打动人，用真诚来赢得别人的理解、交流与合作。真诚永远是交际的坚强基石，真诚永远是人类最珍贵的情感之一。通过真诚的交往，体验交往的乐趣，实现交往的价值。

2．掌握交际技巧，搞好与他人的沟通

在实习交际中应注重交往的艺术和技巧，体现当代中职生的素质和修养。无论是与实习单位领导、外联人员还是与职工、同学交往，均应注意交际技巧，语言要真诚、清晰、文雅，行为要端庄得体、礼仪规范、自然谦和、落落大方。要善于运用交际技巧，活跃气氛，因势利导，善于与人沟通，增进彼此的了解与友谊。通过与别人交往，沟通信息，协调方方面面关系，倾诉工作与生活的酸甜苦辣，交流工作的得失和经验、教训，促进彼此身心健康与自我完善与发展，以责人之心责己，以恕己之心恕人，培养真正的友情，创造良好的实习工作、生活的人际环境，促进实习任务圆满完成，提高实习的效果。

4．以诚相待，搞好与他人合作

通过交往实现与他人沟通，增进彼此的了解与互信，在此基础上更重要的是彼此以诚相待，相互理解支持、互相激励，搞好工作、生活与事业上的合作，优势互补、资源共享、共同发展。沟通与合作是人际交往的核心内容，沟通是合作的基础，合作是成功沟通的结果。人际交往就是在不断沟通合作中不断升华与延续，人际交往能力也在不断的沟通合作中得到培养、锤炼和提升。

第四章　实习与就业的准备

第一节　实习与职业生涯规划

一、职业生涯规划

1. 职业生涯规划的定义

职业生涯规划是指个人和组织相结合，在对一个人职业生涯的主客观条件进行测定、分析、总结研究的基础上，对自己的兴趣、爱好、能力、特长、经历及不足等各方面进行综合分析与权衡，结合时代特点，根据自己的职业倾向，确定其最佳的职业奋斗目标，并为实现这一目标做出行之有效的安排。

2. 职业生涯规划的分类

职业生涯规划的期限一般划分为短期规划、中期规划和长期规划。短期规划为 3 年以内的规划，主要是确定近期目标，规划近期完成的任务；中期目标一般为 3~5 年，在近期目标的基础上设计中期目标；长期目标其规划时间是 5~10 年，主要设定长远目标。

3. 职业生涯规划步骤

每个人都渴望成功，但并不是都能如愿。了解自己，有坚定的奋斗目标，并按照情况的变化及时调整自己的计划，才有可能实现成功的愿望。这就需要进行职业生涯的自我规划。

（1）自我评估。

自我评估包括对自己的兴趣、特长、性格的了解，也包括对自己的学识、技能、智商、情商的测试，以及对自己思维方式、思维方法、道德水准的评价等。自我评估的目的是认识自己、了解自己，从而对自己所适合的职业和职业生涯目标作出合理的选择。

（2）职业生涯机会的评估。

职业生涯机会的评估，主要是评估周边各种环境因素对自己职业生涯发展的影响。在制定个人的职业生涯规划时，要充分了解所处环境的特点，掌握职业环境的发展变化情况，明确自己在这个环境中的地位以及环境对自己提出的要求和创造的条件等。只有对环境因素充分了解和把握，才能做到在复杂的环境中避害趋利，使职业生涯规划具有实际意义。环境因素评估主要包括：组织环境、政治环境、社会环境、经济环境。

（3）确定职业发展目标。

俗话说："志不立，天下无可成之事。"立志是人生的起跑点，反映着一个人的理想、胸怀、情趣和价值观。在准确地对自己和环境作出了评估之后，我们可以确定适合自己、有可能实现的职业发展目标。在确定职业发展的目标时要注意自己性格、兴趣、特长与选定职业的比配，更重要的是考察自己所处的内外环境与职业目标是否相适应，不能妄自菲薄，也不能好高骛远。合理可行的职业生涯目标的确立决定了职业发展中的行为和结果，是制定职业生涯规划的关键。

（4）选择职业生涯发展路线。

在职业目标确定后，向哪一路线发展，是走技术路线，还是管理路线，是走技术管理路线，还是先走技术路线，再走管理路线等，此时要作出选择。由于发展路线不同，对职业发展的要求也不同。因此，在职业生涯规划中，必须对发展路线作出选择，以便及时调整，使自己的学习、工作沿着预定的方向前进。

（5）制定职业生涯行动计划与措施。

在确定了职业生涯的终极目标并选定职业发展的路线后，行动便成了关键的环节。这里所指的行动，是指落实目标的具体措施，主要包括工作、培训、教育、轮岗等方面的措施。对应自己行动计划可将职业目标进行分解，即分解为短期目标、中期目标和长期目标，其中短期目标可分为日目标、周目标、月目标、年目标，中期目标一般为 3～5 年，长期目标为 5～10 年。分解后的目标有利于跟踪检查，同时可以根据环境变化制定和调整短期行动计划，并针对具体计划目标采取有效措施。职业生涯中的措施主要指为达成既定目标，在提高工作效率、学习知识、掌握技能、开发潜能等方面选用的方法。行动计划要对应相应的措施，要层层分解、具体落实，细致的计划与措施便于进行定时检查和及时调整。

（6）评估与回馈。

影响职业生涯规划的因素很多，有的变化因素是可以预测的，而有的变化因素难以预测。在此状态下，要使职业生涯规划行之有效，就必须不断地对职业生涯规划执行情况进行评估。首先，要对年度目标的执行情况进行总结，确定哪些目标已按计划完成，哪些目标未完成。然后，对未完成目标进行分析，找出未完成的原因及发展障碍，制定相应解决障碍的对策及方法。最后，依据评估结果对下年的计划进行修订与完善。如果有必要，也可考虑对职业目标和路线进行修正，但一定要谨慎考虑。

4. 职业生涯规划的作用

中职学校学习阶段是中职生从学校人向社会人的过渡阶段，绝大多数的中职生在毕业后会进入社会工作，开始自己的职业生涯（这是整个人生生涯中极其重要的阶段）。因此，在求学阶段，非常有必要为进入社会、开展职业做好方方面面的准备，规划好自己的人生，不要让自己在进入社会之初就落后于人。同时，经过长期积累，中职生无论在思想的成熟度、知识的储备量以及生活经验方面都具有了职业生涯规划的能力。可以说，中职生既有职业生涯规划的需要，又具备了这方面的条件。

职业生涯规划对中职生的职业发展乃至整个人生发展都具有重要作用。

（1）职业生涯规划能帮助中职生树立高尚的人生目标。

中国有句古训：“志当存高远”。无论做什么事情，确立目标是第一步，有了目标才会有成功的可能。只有确立了目标，我们才清楚自己前进的方向，我们才知道自己是为了什么而奋斗；只有确立了目标，我们在做每一件事、过每一天时才会有动力和热情。职业生涯规划首先要做的就是防止自己产生混沌度日的倾向，培养自己的危机意识，并且提醒你、启发你，让你自发地、迫切地感到："这是我走向成功必须具备的意识，而且有了这种意识，我在平时生活中可以看得比别人更远，想得比别人更深，做事更有毅力和决心。如果我想站在更高的起点，到达更辉煌的终点，我需要为自己进行职业生涯规划。"

（2）职业生涯规划可以指导中职生制定恰当的人生目标。

制定一个既符合自己特点，又满足社会需要，同时又能够实现的目标并非一件易事。有时，你会毫无头绪，不知从何下手；有时，你制定的目标太遥远，很难实现；有时，目标又会太简单，对你几乎起不到促进作用。制定出恰当的目标需要对自己全面了解，把握外面世界趋势，掌握制定目标的技巧。在这方面，职业生涯规划就可以帮助你更好地了解自己，了解你所面对的外部世界。

（3）职业生涯规划可以帮助中职生发掘自我潜能，增强个人实力。

一份行之有效的职业生涯规划能够引导你正确认识自身的个性特质、现有与潜在的资源优势，帮助你重新对自己的价值进行定位并使其持续增值；能够引导你对自己的综合优势与劣势进行对比分析；能够使你树立明确的职业发展目标与职业理想；能够引导你评估个人目标与现实之间的差距；能够引导你做出与实际相结合的职业定位，搜索或发现新的或有潜力的职业机会；能够帮助你学会如何运用科学的方法采取可行的步骤与措施，不断增强职业竞争力，实现职业目标与理想。

（4）职业生涯规划可以提升中职生应对竞争的能力。

当今社会处在变革的时代，到处充满着激烈的竞争。职业竞争非常突出，尤其是我国加入 WTO 后，要想在这场激烈的竞争中脱颖而出并立于不败之地，必须设计好自己的职业生涯规划，这样才能做到心中有数，不打无准备之仗。而不少中职毕业生不是首先坐下来做好自己的职业生涯规划，而是拿着简历与求职书到处乱跑，总想会撞到好运气，找到好工作。结果是浪费了大量的时间、精力与资金，到头来感叹招聘单位是有眼无珠，不能"慧眼识英雄"，叹息自己英雄无用武之地。这部分中职生没有充分认识到职业生涯规划的意义与重要性，认为找到理想的工作靠的是学识、业绩、耐心、关系、口才等条件，认为职业生涯规划纯属纸上谈兵，简直是耽误时间。这是一种错误的理念，实际上未雨绸缪，先做好职业生涯规划，基于清晰的认识与明确的目标之后再把求职活动付诸实践，这样才更经济、更科学。

总之，职业生涯规划的目的是要突破障碍、激发潜能、实现自我，它提供了一些有效的方法或工具，可以养成一种能力，能在不同发展阶段都能对自己的过去、现在和未来有一个重新审视、评估的机会，并不断调整自己，修正可执行的计划，为自己的每一个人生阶段创造最大的成就感和满足感。正如大海中航行的船只需要目标一样，只有经过规划的职业人生，才有明确的方向和强大的动力。

二、中职生实习应与职业生涯规划相结合

1．中职生对待实习的误区

（1）向钱看。

学数控专业的小美，实习期间并不像其他同学一样去找与专业相关的公司去实习，而是把时间花在了做促销上。在她看来，到与数控相关的机械加工公司工作不但非常辛苦，而且实习期间收入微薄，一个月才六七百块钱，还被人使唤，去机械加工公司实习比不上做促销赚钱多。

成功，不在于一个人得到多少，而在于他付出了多少。实习本身是一个提供给你的舞台，是理论实践化的最真切的体验，它所带给你的是一种不同于学校的思维方式和做事习惯。做对自己将来有利的事，做使自己学有所用的事，如果你能够遇到一家规范的大公司，那么你从中的收获就不是你一个月多几百块钱能够赚来的。所以，建议实习的中职生千万不要为了一时收入的多少，而放弃对未来职业发展的规划。

（2）只为简历好看。

学医学的小牛在实习期间却进了一家电脑公司做市场调查。虽说忙前忙后，却似乎乐在其中。可你真的问他，觉得在这份工作中学到了什么东西，对以后的职业发展到底有什么帮助时，他摸摸脑袋，茫然无语。

万事开头难，人生的第一步往往决定了一个人的未来。实习，作为学生从学校迈向社会的第一步，一定是要能够为以后的职业发展打下基础的。如果小牛是学市场营销的，并且他的职业潜质和希望的职业发展方向也是趋向 IT 业或者市场营销，那么这份工作对其职业发展会有更大的帮助。我们并不是说去做市场调查的工作不好，并不反对你为了在简历上有一份工作经历而去实践，而是建议你去找一份对你的职业发展更有帮助的实习工作，保持你职业的连续性和可持续性。

（3）干好干坏一个样。

计算机专业的小康在一家软件公司实习做网管。活儿轻松，小康却没有认认真真去做。在他看来，公司用他们这些实习生，只不过是图个便宜，等实习期过了，肯定就让自己走人。

一般情况下，75％以上的实习生都会被用人单位留下。其实，这是有道理的。公司既然愿意让你进来实习（除了少数只是想用廉价劳动力的公司），一方面是希望能吸纳一些有潜质的新鲜血液，认为你是可以留下来观察，且有培养潜力的；另一方面因为是新人，可以更好地吸收其企业文化，更好地为公司作出更大的贡献。所以，如果你去的公司是你中意的职业选择，不妨好好做下去，让它成为你事业成功的第一步！

2．实习应与职业生涯规划相结合

实习如今已经成为中职教育的一个重要环节，当前中等职业学校都已将社会实践列为学生必须参加的一门基础课程，将实习成果作为考核标准之一纳入学生毕业的总成绩；同时，实习对于中职生的职业生涯规划来说，也是不可或缺的一步。

实习最重要的目的并非是获得劳动报酬，而是要在实践中学习，将书面知识和实际工作相结合，积累宝贵的经验。实习有助于中职生更全面地认识自己和了解职业，进行正确

的职业定位，科学规划自己的职业生涯。对于很多在校生来说，对于职业的概念很模糊，没有系统的职业规划，不清楚自己应该确立一个怎样的职业目标。很多同学即使确立了目标，也往往只是盲目跟随社会潮流，并不知道自己的目标设定是否真正适合自己。到底我们所期待从事的行业，我们所向往的公司是不是和自己的个性和兴趣契合？这个问题没有人能代替自己回答，只有通过自己的亲身实践去体会。通过实习，我们有机会接触各种不同性质的工作，也能够到不同的公司中感受不同的文化，从而更清楚地认识到自己适合做什么，什么样的企业是自己喜爱的，哪些知识是有用的等。通过实践的反馈，进一步修改完善自己的职业规划，同时发展自己的优势，修正自己的不足，对自己的知识结构做出相应的补充和调整。

而且，实习可以说是求职的一次预演。在当今人才市场处于一种买方市场的状态下，实习岗位的竞争也较之前更加激烈。借助实习而得到的"职场第一次"的经历，能够使中职生初步完成从理想到现实的心理过渡和从学生到职业人的角色转换。实习的经历对于减轻就业竞争压力以及初次走上正式的工作岗位将要经历的现实冲击有着不容忽视的缓冲作用，能够为将来尽快适应新的工作岗位打下良好的基础。

实习要与就业方向对接。不是说你学什么专业，就一定要去找这方面的实习工作，而是要看自己未来想就业的方向是什么，然后再去找实习机会，这样对自己以后找工作会有很大的帮助。实习本来就是中职生进入社会之前的一个锻炼机会，所以不要太在乎有没有工资或工资的多少。很多同学认为，用人单位把他们实习生当廉价劳动力来用。其实作为实习生，你的目的是能从实习工作中锻炼自己，而不是赚钱。

对于求职阶段的毕业生，每个人都希望能与用人单位面对面交流，了解企业的相关招聘流程、筛选简历以及候选人的标准，甚至希望了解他们的思维模式等。其实这些东西都可以在之前的实习中看到、学到或了解到。如果实习之前你对自己的未来有了规划，那么就应当根据自己的计划选择实习单位。

如果实习单位与自己想从事的职业不相符的话，你会觉得这份实习基本是无用功。这样的实习，不仅在工作中无法获得快乐，而且会使你很快有放弃的念头，所以，准备去实习的学生一定要注意，实习应当与自己未来的就业方向接轨。

第二节　实习的准备

按照学校制定的《中职生实习工作条例》、《实习教学大纲》和《实习教学计划》要求，在实习教学获得批准、确定以后，学校院（系）相关人员和学生必须迅速行动起来，各司其职，做好实习的充分准备，确保实习相关工作落到实处，使实习工作如期顺利进行。

一、学校（系）的实习准备

院系相关部门和教师是实习准备的主角，要按照《中职生实习工作条例》规定认真落实实习单位、实习内容和实习经费、车辆，尤其是选配好实习带队老师和实习指导老师。

除此之外，还应做好以下准备工作，尤其到校外实习基地实习，更为重要。

1. 提前一周以上到实习单位进一步接洽实习有关安排，使实习的各项工作具体化

如对实习学生的要求、实习学生的具体部门及相应的岗位职责与要求、实习学生的伙食及住宿安排、实习学生的实习补贴、实习学生的管理及考核鉴定、实习学生及环境的安全、单位的规章制度等。毕业实习时间较长的话，需要与实习单位签订实习协议，并且带队的教师要到学生实际实习的部门或车间实际考察一下，熟悉情况，接触部门的领导及相关人员，了解实习的主要内容，以便为实习动员提供依据和有针对性的素材。

2. 按照实习单位的要求和实习教学计划的规定，对学生进行选拔分组，把学生分到相应的实习单位或部门

每个实习单位均应指定综合素质好、有能力的学生作为学生实习的负责人，负责学生的管理和信息反馈，配合指导教师和实习单位相关人员做好实习的沟通工作。特别是在无带队教师或指导教师的情况下，负责与学校院系与实习单位的联络与交流，以便使出现的问题得到及时解决。

3. 搞好学生实习前的动员工作

时间长的生产实习，尤其是毕业实习或校外实习，均应做好实习的动员工作。首先，组织全体实习学生以专业或班级为单位，以院系领导为主，有关教师参加，进行师生实习动员，学习《中职生实习工作条例》、《实习教学大纲》以及有关规定，使中职生明确实习目的、时间、地点、任务、项目。尤其要强调实习纪律与安全，增强学生的自我约束和自我保护意识，增强实习的责任感、自觉性和主动性。其次，以每个实习单位的中职生为对象，以实习带队教师与指导教师为主，进行实习再动员，将实习的要求细化，并探讨提高实习效果的经验与做法，熟悉实习单位和部门的情况、生产及工作要求，有的放矢地进行思想、心态与业务准备，把可能出现的问题和个别的特殊要求解决于实习之前，保持实习的计划性和稳定性。对个性比较强或能力比较弱的学生，要特别关注，并给予特殊的帮助。时间比较短的课程实习，尤其是校内实习，实习动员一般由实习指导教师根据需要进行安排。

4. 实习所需设备、仪器和材料的准备

许多实习尤其是有些专业的认识实习和生产实习，如测绘专业、农科类专业、地质勘探类专业等，除了有些实习单位能够和愿意提供实习相关所需外，学校必须准备好实习所需要的仪器、工具和材料、参考书籍及日常用品。野外实习更需准备好相关物品，如通讯工具、水壶、望远镜、指南针及常用药品等，有备无患，确保实习顺利进行。

5. 将《实习教学计划》和学生名单及个人资料等准备好，交给实习单位以便于管理和考察。

可将《实习教学计划》发放到每个实习学生手中，有的还需要把实习指导书籍、各种表格、工具、仪器等发放到学生手中，供学生在实习中参考和使用。

6. 帮助中职生正确搞好职业定位

在实习前和实习中，院（系）领导尤其是指导教师，除了指导学生完成实习教学内容外，还应根据学生的特点、专长和意愿，结合实习单位的专业需求和社会行业的人才需求，帮助学生搞好职业定位。尤其是在生产实习和毕业实习中，学生对社会、对行业已经

有了基本认识，在这种情况下正确分析把握行业和学生需求，适时适度引导帮助中职生正确就业、择业、少走弯路，往往会收到很好的效果。

二、学生的实习准备

实习教学尤其是生产实习和毕业实习，不同于课堂教学和校内认识实习，其主体发生了变化。课堂教学一般是以教师为授课主体，学生配合接受，而实习教学则是以学生为实施主体，教师充当指导帮助的角色。通过实习将教师所教的基本知识、基本理论、基本技能，应用于生产和实际中，验证和充实，提升和完善所学的理论和技能，解决生产和工作中的实际问题，增强对专业的信心和创新创业的激情，同时通过实习接触社会、熟悉行业、认清自己，准确定位自己的职业生涯和发展计划。因此，要达到上述实习效果，必须做好充分的实习准备。

1. 转换角色，定位实习

实习前和实习中必须积极转换角色定位，从课堂教学中摆脱出来，不等不靠、不退不缩，积极投入到实习中。计划继续考研深造和考取国家公务员的学生，也要正确处理好实习与学习、复习的关系，绝不可因学习而荒废实习，也不可为了忙于找工作就业，而荒废了宝贵的实习机会，更不可贪图享乐、清闲或挣钱等一时之获而放弃实习，否则得不偿失。实习是提高专业能力和综合素质的重要机会，与学习深造、就业并不矛盾。只要合理安排，统筹兼顾，一定会获得双丰收。充实有价值的实习更是深造、就业和择业的资本和良机。同时，由于实习的场所和人群都发生了变化，不再是遮风避雨、呵护宽容的学校和关怀体贴、朝夕相处的教师和同学，而是进入了广阔的社会，因此，要严格要求自己，时刻注意约束自己的言行，注意自己的形象和社会影响。要学会与人合作完成好工作，学会与人沟通，要学会尊重他人，虚心向别人学习，要发挥自己的专业特长和聪明才智，努力赢得领导和同事的信任和支持。

2. 中职生思想和心态准备

实习教学不同于课堂教学，要从思想和心态上做好实习准备。有的学生对实习的期望值过高，认为实习中到处是鲜花和掌声，到处是期待和羡慕的眼光，处处环境优美、设备精良、技术先进，处处领导高水平、员工高素质，如果反差很大则难以接受；有的学生依赖心理过重，对自己缺乏信心和勇气，对社会对实习产生畏惧和恐慌，认为自己难以适应而不敢于自己实习；还有的同学对自己过于自信自负，把行业和相关人员不放在眼里，事事处处看不惯，认为自己高人一筹；也有的学生把实习单位、实习环境、劳动强度、工作时间、工作分工、工作内容、实习报酬等看得过重，过于计较等。这些思想和心态会对实习产生消极的作用。正确的思想和心态应该是正视社会和行业现实，正视自己的能力和素质，相信自己，努力开发自己的潜能，勇于适应实习需要，保持平常心态，宽容对待周围的人和事，不骄不躁，不气不馁。正确看待和认识社会、人群和行业，并努力融入其中，和谐相处。

3. 中职生实习能力的准备

据媒体对中职生实习困难的网上调查结果显示，排名第一的是中职生自身知识水平和实践能力欠缺。例如，某财会专业的学生，在学校是个成绩好的学生，本以为对会计工作会轻车熟路，结果真的到了一家公司里进行实习，面对名目繁多的账目需要审核，一看脑袋就发晕，体会到了很多知识不光停留在考试的卷面上，还要深入探究，而且认识到了实践对知识学习的重要性。在实习过程中，许多中职生均存在这种问题，他们的理论水平还可以，可真正地用在实习工作上时，往往感到无所适从，无处着手。这一方面说明加强实践实习教学的重要性，另一方面也要求中职生在学习中和教师教学过程中应注重理论联系实际，增加动手实践能力，为提高实习效果准备好实习的专业能力。有的中等职业学校为了培养学生的创业精神、创业意识和创业能力，在教学过程中实施"中职生创新研究训练计划"。另外也要准备好社交能力、适应能力、生活能力、协作能力和沟通能力等非专业能力。有些学生利用寒暑假时间甚至双休日，提早自主联系单位实习或打工，锻炼培养自己的能力，积累经验，这种尝试对提高实习效果大有益处，值得中职生借鉴和学习。如某中职生利用暑假去了一家公司实习，其目的有三，一是可增加一点收入，为下学期挣点生活费；二是可以增加一个早日找到单位的机会；第三，也是最重要的，实习的经历是一笔财富，不论成功与否，都将增加自己的阅历，不断调整完善自我，增强进入社会后的竞争地位。因此，中职生加强平时和实习前的锻炼和能力积累，对于适应实习工作、顺利完成实习任务和增强就业竞争力，都是十分必要的。

4. 中职生实习的物质准备

中职生实习不同于在学校学习，尤其是野外实习和长时间的生产实习和毕业实习，除了院（系）集体准备的物品外，中职生个人实习前必须进行充分的物质准备。要准备季节性衣服、生活日常用品、必要资金、专业及生活用的书籍、纸笔、文体娱乐用品等；野外实习的专业还要特别准备好坚固的平底鞋、长裤、雨具、水壶和必要的常用药品，以适应野外生活需要，做到有备无患，尽可能改善实习条件，为顺利完成实习提供保证。

5. 中职生个人联系实习的准备

在实习安排的过程中，有些学生希望通过实习给实习单位留下好印象，同时也为了提早进入工作状态，常常把实习单位当成就业单位，或者在实习的同时就近找工作，而不愿意接受学校集中安排的实习。学生自己千方百计通过各种关系，自己安排实习单位，大多数学校也普遍乐意接受，尤其是毕业实习。这类自主实习，中职生个人更应该做好充分准备。首先，提早联系好实习单位，并征得所在院（系）领导的同意批准，保证实习不会落空和顺利获得实习成绩；其二，深入了解实习单位的情况，尤其是生产经营水平、领导员工素质以及单位发展潜力等，尤其要了解单位用人的要求及岗位，同时最好专业对口，能发挥特长，以使实习有更大的收获；其三，提早按照实习单位的要求对自己进行评估分析，找到自己的不足，从专业业务能力和综合能力等方面入手进行适当准备。最好请有经验的教师或朋友进行咨询和策划，有的放矢，以提高实习效果，赢得实习单位领导和同事的信任，争取实现实习和就业同步到位；其四，自主实习更要做好充分的思想和心理准备以及所需物品和材料的准备，因为其实习的难度往往比学校集中安排更大些，要求自主能力更强些，同时掌握好与家人、院（系）领导及教师的联系办法，以便有问题时进行及时沟通，不要孤军作战。

总之，实习的准备是搞好实习的重要环节之一，应引起足够的重视。要力求周密、细致、充分，不能应付敷衍；要搞好分工，责任到人，分头落实，确保实习如期顺利进行。

第三节　在实习中做好就业准备

一、职业培训及资格证书制度

中等职业技术学校是培养技能型人才的重要基地。中职教育学校一定会对学生进行相关专业的技能培训。为了检验技能培训的效果，国家设立了职业资格证书制度，即受训者必须通过职业资格考试，获得国家准许的相关专业资格证书，才具备到社会中从事相关职业的就业准入资格。因此，中职生在正式步入职场之前，大多都需要进行相关的职业培训并取得相关的职业资格证书。

1. 职业培训

职业培训是直接为适应经济和社会发展的需要，对要求就业和在职劳动者以培养和提高素质及职业能力为目的的教育和训练活动。其含义可分为三个层次：

（1）职业培训的对象是劳动者。

职业培训的对象是劳动法意义上的劳动者。在这里，劳动者是广义的，既包括即将成为工薪劳动者的人（谋求职业的人），也包括已经成为劳动关系一方当事人的劳动者。前者可以是具有劳动能力的人，也可以是尚未具有劳动能力的人（如技工学校的学生）。

（2）职业培训的目的是开发受训者的职业技能。

职业培训的目的是使受训者获得或提高某个方面的职业技能，而不是培训受训者的文化水平。当然，有些与文化素质教育有联系的职业培训方式（如职业技术学校培训方式），在职业培训的同时也进行高中阶段的文化课程教学，但这并不改变职业培训的目的。

（3）职业培训的内容是技术业务知识和实际操作能力。

为了实现职业培训的目的，职业培训的内容是相关岗位或工种的技术业务知识和实际操作能力。受训者经过职业培训，获得谋求职业或保障职业安定必需的技术业务知识和实际操作能力。劳动者的职业素质取决于职业培训的程度，劳动者劳动权的实现在很大程度上与所受职业培训的程度有关。

职业培训是国民教育的一个重要组成部分。它同普通教育既有联系，又有区别。两者都开发智力、培养人才，但是职业培训是直接培养劳动者，使其掌握从事某种职业的必要的专门知识和技能。现代化的企业广泛采用机器和机器体系生产，工艺技术十分严密，劳动者不但需要熟练地掌握操作技能，而且需要深刻地理解专门知识。因此，培训和提高劳动者的知识和技能，是发展社会生产力的客观要求。在社会主义条件下，加强职业培训有利于加速培养技术业务骨干和熟练工人，以满足国民经济发展对专门人员的需要；有利于提高劳动者的文化素质和技术水平，促进劳动生产率和经济效益的提高。中华人民共和国成立以来，通过各种职业培训形式，培养和造就了大批技术工人、工程技术人员、管理人员和其他专业人员，推动了生产建设的发展。在全国工作重点转移到社会主义现代化建设上以后，加强职业培训受到了国家和企业更大的重视。

职业培训的种类包括技能培训、劳动预备制度培训、再就业培训和企业职工培训，依据职业技能标准，培训的层次分为初级、中级、高级职业培训和其他适应性培训。培训工作主要由技工学校、就业训练中心、社会力量办学等各级各类职业培训机构承担。

2．职业资格证书与就业准入

职业资格证书是劳动就业制度的一项重要内容，也是一种特殊形式的国家考试制度。它是指按照国家制定的职业技能标准或任职资格条件，通过政府认定的考核鉴定机构，对劳动者的技能水平或职业资格进行客观公正、科学规范的评价和鉴定，对合格者授予相应的国家职业资格证书。

职业资格证书是表明劳动者具有从事某一职业所必备的学识和技能的证明。它是劳动者求职、任职、开业的资格凭证，是用人单位招聘、录用劳动者的主要依据，也是境外就业、对外劳务合作人员办理技能水平公证的有效证件。职业资格证书与职业劳动活动密切相连，反映特定职业的实际工作标准和规范。

所谓就业准入是指根据《劳动法》和《职业教育法》的有关规定，对从事技术复杂，通用性广，涉及国家财产、人民生命安全和消费者利益的职业（工种）的劳动者，必须培训，其取得职业资格证书后，方可就业上岗。实行就业准入的职业范围由劳动和社会保障部确定并向社会发布。职业介绍机构要在显著位置公告实行就业准入的职业范围；各地印制的求职登记表中要有登记职业资格证书的栏目；用人单位招聘广告栏中也应有相应职业资格要求。职业介绍机构的工作人员在工作过程中，对国家规定实行就业准入的职业，应要求求职者出示职业资格证书并进行查验，凭证推荐就业；用人单位要凭证招聘用工。从事就业准入职业的新生劳动力，就业前必须经过1~3年的职业培训，并取得职业资格证书；对招收未取得相应职业资格证书人员的用人单位，劳动监察机构应依法查处，并责令其改正；对从事个体工商经营的人员，要取得职业资格证书后工商部门才办理开业手续。

3．职业技能鉴定和职业资格证书的获取

（1）申请职业技能鉴定如何报名。

申请职业技能鉴定的人员，可向当地职业技能鉴定所（站）提出申请，填写职业技能鉴定申请表。报名时应出示本人身份证、培训毕（结）业证书、《技术等级证书》或工作单位劳资部门出具的工作年限证明等。申报技师、高级技师任职资格的人员，还需出具本人的技术成果和工作业绩证明，并提交本人的技术总结和论文资料等。

（2）职业技能鉴定的主要内容。

国家实施职业技能鉴定的主要内容包括：职业知识、操作技能和职业道德三个方面。这些内容是依据国家职业（技能）标准、职业技能鉴定规范（即考试大纲）和相应教材来确定的，并通过编制试卷来进行鉴定考核。

（3）职业技能鉴定方式。

职业技能鉴定分为知识要求考试和操作技能考核两部分。知识要求考试一般采用笔试，技能要求考核一般采用现场操作加工典型工件、生产作业项目、模拟操作等方式进行。计分一般采用百分制，两部分成绩都在60分以上为合格，80分以上为良好，95分以上为优秀。

（4）获得职业资格证书的程序。

职业技能鉴定所（站）将考核合格人员名单报经当地职业技能鉴定指导中心审核，再报经同级劳动保障行政部门或行业部门劳动保障工作机构批准后，由职业技能鉴定指导中心按照国家规定的证书编码方案和填写格式要求统一办理证书，加盖职业技能鉴定机构专用印章，经同级劳动保障行政部门或行业部门劳动保障工作机构验印后由职业技能鉴定所（站）送交本人。

目前，劳动部门已经基本建立了社会化的培训与资格认证体制，有资格和能力的企业、厂矿、学校经劳动部门的严格审查后，可以获得认证资格。据劳动部门统计，目前有资格进行职业培训的学校一共有 3 类，包括 3400 多所技工学校，20000 余所职业培训机构，其中民办职业培训机构 16000 多所。任何符合条件的个人均可自主申请参加职业技能鉴定，申请人根据所申报职业的资格条件，确定自己申报鉴定的等级。职业技能鉴定分为知识要求考试和操作技能考核两部分。经鉴定合格者，由劳动保障部门颁发相应的职业资格证书。

二、搜集就业信息

科学家如果不注意研究领域前沿的信息，就会重复前人的研究，徒劳无功；军事家如果不了解敌情，就无法做到运筹帷幄、决胜千里；教育家如果不了解国内教育领域的现状，就无法因材施教；求职者如果不注意收集相关的职业信息，就会失去选择的最佳机会。

广义的职业信息包括国家针对毕业生就业颁布的一系列政策、地方部门的毕业生就业指导、各行业的需求情况以及未来各产业的发展趋势等，这些信息我们就不多做介绍。狭义的职业信息主要是指通过各种媒介传播的关于求职就业的信息。收集职业信息必须提前进行，根据收集到的职业信息进行求职会更有把握。狭义职业信息收集的渠道主要有以下几条。

1. 人才交流会

人才交流会指举办人才集市、人才招聘会、毕业生供需见面双向选择会等人才交流活动，与展览会相似，由企业在市场内摆设摊位。现场招聘会和人才市场可以说是信息的海洋，付出一点代价换来的是巨大的价值和前所未有的体验。一个求职者应该多收集这方面的信息，到现场招聘会体验一下那万千求职者同台竞争的激流，收获属于自己的东西。当然，现场招聘到最后还是需要到公司去应聘面试的，有些人可能觉得这样会比较麻烦，其实到现场招聘会是一种很好的锻炼和求职方式。

人才交流会对应届毕业生最大的好处是可以在最短的时间内获得大量的职业信息，可以多次地走访自己感兴趣的公司。在这种人才交流会上，具有通用技能的人往往能够找到合适的工作，比如说计算机、文秘、营销、法律等专业的学生成功率更高。

2. 招聘网站

各大招聘网站汇集了不少职业信息，中职生们可在各大招聘网站上进行免费注册，编辑好个人的电子档案后，向自己心仪的公司发送简历以获得面试机会。

如何利用网络？确定了自己的工作方向和目标就容易了。现在一般各地都有自己的本地人才网站，如果你以前没有上网看过资料，一定要上网查找看看，因为它收集的本地信息很多，查找也比较容易，只需要在搜索引擎上输入关键字，就能找到一个在本地比较有名气的、正规的、经地方人事部门授权的人才网站。你如果不熟悉可以问问同学、朋友，找工作的人都会比较清楚的。找到了网站再搜索信息就简单了，设置你的搜索要求就可以了。网站上都会有比较明确的向导，而且一般都有在线客户服务，可以直接询问。现在每个人才网站上几乎都会有自己的人才简历库和公司库，你可以在一个或者几个人才网站上注册你的信息，给自己创造更多的机会。有些公司会直接委托人才网站帮助筛选简历，因此你在网站上注册了，你的机会就会更多。各类网站还提供简历模块供求职者使用。对于初次利用网络求职的人可能会感觉比较麻烦，但是一回生、二回熟，多用几次就熟悉了。要充分利用网络信息，当然也要有选择，一般只看对自己有用的信息。有些人可能对网上求职有一种不太正确的思想，在网上创建了简历，就等着企业来找自己。现在企业确实有很多直接向求职者个人联系的，但作为求职者应该主动出击，主动投递自己感兴趣的职位。

我国具有品牌性的人才网站现在已有很多，如中华英才网、智联招聘网、前程无忧网、卓博人才网等，它们算得上是国内人才网站的领军。这些网站上的招聘信息和各种资讯对于求职者来讲都是非常重要的。当然，它们面对的都是中、高端的客户，有很多国际知名大企业，可能有很多求职者还不能达到这类企业招聘的要求，但不要自卑，每一个人找对属于自己的舞台后努力做就行了。

3. 新闻传播媒介

新闻传播媒介如报纸、广播、电视等都成为职业信息的重要传播渠道。我们在日常生活中最常见的报纸的招聘信息相当丰富，报纸提供的职业信息占据传播媒介的绝大部分。求职者首先要对报纸招聘信息进行选择和确认。报纸上的招聘信息因为成本的关系会相对模糊，所以求职者在选择职业和公司时要特别谨慎，一般上面都会有联系电话，应该先询问清楚了再去应聘。至于公司信息可以到网上查询，看报纸上所提供的信息是否属实。而且求职者应该对公司有一个大概的了解，面试的时候主考官问起来才能对答如流。

至于广播和电视，提供的信息量相对较少，一般都是那些经常看某个频道的人或者经常听某个电台的人才能够收集到一些信息。某些大型企业也会选择电视广告或在广播中播放本公司的招聘广告，经常留意这些招聘广告可以得知哪些职业是最抢手的职业，从中筛选符合自身条件的职位。确认的方法就像上面所说的那样，通过电话咨询和网络查找。

从新闻传播媒介了解到的职业信息，需要特别注意的是，有些不符合常理的招聘流程，比如在面试时收取一定押金或是扣押有效证件的行为，以及超乎现实的高薪资的广告，有可能是欺诈性广告，一定要留意其招聘信息的真实性。

4. 社会关系

每个人都有自己的社交圈子，这种社会关系网是中职生们的无形财富，交际圈子里会有一些潜在的就职机会。例如，某技校学生小胡因为在校期间表现优良，受到了老师们的肯定，毕业前得到了一位老师的推荐，进入其朋友的公司工作。因为教师认识的人比较多，能够提供给学生大量的求职信息。除教师外，周围的朋友同学都有可能告诉你哪些企业在招聘。但是，从社会关系网中淘来的信息，往往带有浓厚的个人主观色彩，需要自己辨别清楚。

5. 职业中介

职业中介所是许多毕业生选择的求职媒介。在职业中介所里，有很多的企业招聘信息，在交了一定额度的中介费用后，中介所将推荐职位以供求职者面试。现在大部分职业中介所以 VIP 卡的形式进行服务，一年以内，如果对中介所推荐的职位不满意，可以再次获得推荐机会，直至满意为止。但是并非所有的中介所都是为求职者尽心尽力的，带有欺诈性的职介所也有不少。

欺诈性中介主要有两种：第一种是没有正规营业执照，经常更换办公地点的；第二类是拥有正规营业执照的中介，但却经常巧立名目，胡乱收费，骗取求职者的钱财。以上两种我们都可以称之为"黑中介"。我们在这里将主要介绍第二类欺诈性中介的一些骗人手段：

①将同一职业同时推荐给多人，在有求职者落选时，会以求职者自身素质条件不符为理由，拒绝退款。

②中介与企业双方勾结。"黑中介"会多方联系用人单位并跟用人单位达成协议：如提供一个用人岗位可得一定比例的回扣，用人单位大多是一些小作坊，受利益驱使，即使不需要用工，也会假意招工，得到回扣后，再找理由把应聘者辞掉。更有甚者，中介与一些企业双重行骗，求职者到企业面试时，被再次骗取费用。

③摘抄信息，岗位虚假。为了节省费用，"黑中介"的岗位信息多数不是自己采集的，而是从报纸上摘下来，或从网络上取得，有些根本就是虚岗。

④"黑中介"的信息费 1 年有效是幌子。不明真相的求职者往往会被迷惑，真实情况是，"黑中介"总是将责任推到求职者身上，不承担责任。

为预防这些骗术，除了要找信誉度高的中介外，一定要向中介索取正规发票和收据作为凭证，以防中介事后反悔。

6. 亲自前往

除了以上几种方法外，还有一种比较费力但很可靠的方式，那就是进行"实地考察"，通过这种方法得到的信息比较准确可靠，也更适合于自己。这种方式的缺点就是耗时长，还需要投入一定的资金成本。

三、求职材料的准备

1. 求职材料概述

求职材料是毕业生在求职过程中，为了择业成功而准备和使用的各种书面材料。毕业生准备求职材料的直接目的是为了引起用人单位对自己的兴趣，使自己最终能够被录用。用人单位出于节约人力和时间的考虑，大多数情况下不采用直接面试的形式而是要求求职者先寄送求职材料，由他们进行比较、筛选后再决定求职者是否面试。由于用人单位最初是通过求职材料来了解求职者的，因此求职材料的质量对于用人单位决定是否与该求职者作进一步的接触，有着不可估量的作用。

2. 求职材料的构成

求职的书面材料主要包括求职信、个人简历、各种证明材料等。

（1）求职信。

求职信也称自荐信，是毕业生在收集需要的信息后有目的地向用人单位作的自我介绍。它是针对特定单位（岗位）的特定人写的，主要表述求职者的主观愿望和特长，以求吸引招聘者的注意力，取得面试机会。求职信在求职过程中作用重大，是学生自我推销、展示自己公关能力的重要一环，因此求职信从形式到内容都应给人以美感。

（2）简历。

简历，顾名思义是反映求职者个人的简要经历，是一个人生活、学习、工作的经历与成绩的概括和总结。它提供给阅读者的信息量应该是全面而直接的。用人单位从求职者的简历中，能够看出该求职者在业绩、能力、性格、经验方面的综合表现。在通常情况下，用人单位都是通过简历来了解求职者的经历，如受教育程度、兴趣、特长等，留下一个初步的印象，从而决定求职者能否参加下一轮的面试。从某种意义上说简历决定着求职者的前程。

（3）毕业生推荐表。

毕业生推荐表是学校毕业生就业指导中心发给每位毕业生填写的并附有学校意见（鉴定、评价等）的书面推荐表格。该表一般由三部分组成，一是毕业生本人的情况介绍；二是毕业生所在院系的推荐意见；三是毕业生所在学校就业主管部门的推荐意见。一般来讲，这个表格是学校正式向用人单位推荐毕业生的书面材料，因此具有较大的权威性和可靠性。用人单位往往对该表比较重视，因此，要求毕业生认真填写，妥善保管。

（4）其他求职材料。

其他材料作为附件，是求职信、个人简历、毕业生推荐表的补充和证明，主要包括学校教务部门出具的成绩单、相关证书复印件（外语等级证书、计算机等级证书、各类奖学金及其他获奖证书、各种技能证书、各种职业证书等）、社会实践（实习）鉴定、院系教师的推荐信、公开发表的论文、文章及其他成果复印件或证明等。

3．重要求职材料的制作与使用

（1）求职信的制作与使用。

①求职信的书写格式

一般来说，求职信属于书信一类，因而它的格式也应符合书信的基本要求，主要包括称呼、正文、结尾、署名、日期和附录等方面的内容。

A．称呼

求职信的称呼与一般书信不同，书写时必须正规一些，如果写给国家机关或事业单位的人事部门负责人，可用"尊敬的 xx 长"；如果写给企业领导，可用"尊敬的 xx 董事长（厂长、经理）先生"；如果写给院校人事处或校长的求职信，可称呼"尊敬的 xx 教授（老师，校长、博士）"。切忌使用"xx 老前辈"、"师兄（傅）"等不正规的称呼。

B．正文

首先，写出信息来源渠道，如："得悉贵公司正在拓展省外业务，招聘新人，且昨天又在《XXX 商报》上读到贵公司的招聘广告，考虑有意角逐营业代表一职"。记住不要在信中出现"冒昧"、"打搅"之类的客气话，他们的任务就是招聘人才，何来"打搅"之说？

如果你择业的企业并没有公开招聘人才，也即你并不知道他们是否需要招聘新人时，你可写一封自荐信去投石问路，如"久闻贵公司实力不凡，声誉卓著，产品畅销全国。据悉公司欲开拓海外市场，故冒昧写信自荐，希望加盟贵公司。我的基本情况如下"。在这种情况下用"冒昧"二字就显得很有礼貌。

其次，在正文中要简明扼要地介绍自己与应聘职位有关的学历水平、经历、成绩等，令对方从阅读完毕之始就对你产生兴趣。但这些内容不能代替学历，较详细的个人简历应作为求职信的附录。

再次，应说明胜任职位的各种能力，这是求职信的核心部分，目的无非是表明有专业知识和社会实践经验，具有与工作要求相关的特长、兴趣、性格和能力。总之，要让对方感到你能胜任这个工作。在介绍自己的特长和个性时，一定要突出与所申请的职位有联系的内容，千万不能写上那些与职位毫不沾边的东西。比如你应聘业务代表一职，却在求职信中大谈"本人好静，爱读小说"等与业务无关的性格特征，结果肯定是失败。

C. 结尾

结尾一般应该表达两个意思：一是希望对方给予答复，并盼望能够得到参加面试的机会；二是表示敬意、祝福之类的词句，如"预祝愉快安康"、"深表谢意"、"祝贵公司财源广进"等，也可以用"此致"之类的通用词。

最重要的是别忘了在结尾认真写明自己的详细通讯地址、邮政编码和联系电话。如果让你的亲朋好友转告，则要注意联系方式方法以及联系人的姓名及与你的关系，以方便用人单位与之联系。

D. 署名

按照中国人的习惯，直接签上自己的名字即可。国外一般都在名字前面加上"你诚挚的"、"你忠实的"、"你依赖的"等之类的形容词，这种方法不可轻易效法。

E. 日期

写在署名右下方，应用阿拉伯数字书写，年、月、日都全写上。

F. 附录

求职信一般要求和有效证件一同寄出，如学历证、职称证、获奖证书、身份证的复印件等，并在正文左下方一一注明。

案例：求职信范本

尊敬的领导：

您好！

首先请允许我向您致以真诚的问候和良好的祝愿！非常感谢您在百忙之中审阅我的求职材料。

我是2004级会计专业（中专）应届毕业生，现在已离开母校踏入社会大学，感到既兴奋又彷徨，我需要一个新生活舞台，找到一个适合自己，并值得为其奉献自己的青春和才华的工作单位。

在三年的中专生涯中，我刻苦学习，力求上进，一直凭着"细节决定命运、细节决定成败"的准则，坚持"没有最好，只有更好"的观念为之奋斗，取得了较优异的成绩，奠定了坚实的会计基础。我在校期间主修:《会计基础》、《经济法基础》、《统计学基础》、《国家税收》、《工业会计》、《商品流通企业会计》、《用友财务软件》、《officexp》、《市场营销》、《应用文写作》、《现代礼仪》、《演讲与口才》、《工业会计实训》、《工商管理实训》、《库管员实训》、《纳税实训》、《公共关系》、《普通话》等课程,并考取了相关证书(见随附)以证明我的专业知识水平。我工作认真负责,曾担任:班会计课代表、班团支部书记、校团委《世纪风》文学社策划主管、社团部法律协会秘书长等职务,同时积极参加学校开展的各种大型文艺活动,并多次获得各种奖励,自身的演讲、组织、交际、团队合作等综合能力都得到了提高。

在激烈的人才竞争中,虽然我只是一名中职生,但我对我的专业技能非常有信心,而且有一颗真挚的心和拼搏进取的精神,愿为贵单位贡献自己的力量;虽然我的工作经验不足,但是我相信每个人都有刚走出校门成为职场新人的经历,只要给我一个机会,我一定会虚心学习、努力钻研,在尽职尽责做好本职工作的同时广泛涉猎相关知识、理论,拓展知识面,不断提高工作能力水平,以更好地为贵单位服务。没能进入大学虽然是个遗憾,但能更早踏入社会,在实战中提高自身的工作能力也是我们中职学生的一点优势,不是吗?

我相信像贵单位那样重能力、重水平、重开拓,有潜力、有远见的单位,一定会把能力、水平与经验等同视之,给新人一个机会。一颗真挚的心在热切期待您的信任,一个人的人生在等待您的改变,望贵单位能接收我、支持我,让我加入这个大家庭,我将尽我最大的能力为贵单位发挥我应有的水平和才能。

此致

敬礼

刘明
2010 年 6 月 16 日

②求职信撰写的注意事项

A. 求职信的第一句话应开门见山,让对方尽快了解其内容。求职信的一开头就抓住读信者的注意力,使其自然而然地往下看。要知道,招聘人每天会收到若干封求职信,若你的信落入俗套,毫无特色可言,阅信人几秒钟或几十秒钟的时间就会将你的信快速"扫描"一番然后扔进纸篓里。相反,如果你的信写得与众不同,一开始就引起了阅信人的注意,并表述得体,阅信人会耐着性子甚至很有兴趣地将信看完,这样你的名字就很有可能列入候选人名单。

B. 求职信的写作应文字优美,表达流畅,简洁明了,字数应控制在 1000 字以内。一封用词优美、表达流畅的信既能体现出求职者的文字操作能力和语言表达能力,又能给招聘人美的享受。

C. 求职信的段落要短,句子不宜太长。段落可加小标题或是编上序号,使求职信条理分明,层次清晰。

D. 求职信的语气宜不卑不亢,不必过分客气,既要力求避免无意中伤害他人的尊严,又不能写得像在乞求对方。

E. 尽量避免用专业术语、谚语或典故、地方方言，否则在信息传递上可能会出现偏差，甚至引起误会。

F. 求职信不应有错别字，不要使用涂改液或橡皮擦，纸张不要沾上污迹，以示对他人的尊重。最后别忘了签上你的名字，英文信件中本人的亲笔签名下面还要有用打印机打出的姓名拼音，以便识别。

G. 求职信万万不可千篇一律，由于所申请的职务各不相同，每封信的侧重点应该有所区别。否则用人单位会认为你在"广种薄收"，缺乏对其单位的诚意而不会考虑录用你。

③求职信写作常见的失误

不少应届毕业生写求职信时，容易犯一些技术性和原则性错误。下面是一些经常出现的毛病，希望引起警觉，别让求职信帮了倒忙。

A. 过分自信

过分自信即是自高自大。不少毕业生的求职信中流露出盛气凌人、非我莫属的"神气"。信中出现这种错误很容易令用人单位想起一句顺口溜，即"看看档案，人才难得；聘来用用，哭笑不得"。自信是应该的，但过分就会被认为不知山外有山，人外有人，将引起招聘者的反感。求职信中不要出现"我的能力之强出乎你的意料"、"如被录用定能大大扩展公司业务"或"我的卓越表现将证明本人所言不虚"等过头话。

B. 过分谦虚

谦虚是一种美德，但在写求职信时却没有必要一再表现这种美德，一两句自谦的话当然无伤大雅，但应遵循实事求是的原则，如果不能够公正准确地评估自己的实力，不但与时代潮流不合，而且别人会认为你世故虚伪。求职者在求职信中应该强调自己的长处，如果不可避免要在信中说明你的缺点，也没有必要那么直接，可用俏皮幽默的话写出来。优点和才能尽可能把它写出来，只要没被夸大就行。

C. 称颂不当

这种例子比比皆是，如"我极其欣赏贵公司铺天盖地的广告轰炸策略"、"若贵公司愿意接收，本人当效犬马之劳，与你们共荣辱同进退"、"这个职位对我具有难以抵抗的诱惑力"，或如"您在百忙中赐予面试良机，本人不胜感谢之至"等。写求职信者必须了解阅读者的职责，没有实质内容的话一句也不要写，阿谀奉承最易使招聘者将你与小人画等号，尽管你实际上并不是小人。

D. 简写词语

平时与朋友同学交谈时，人们习惯简称自己的学校与专业，但写求职信应力求避免。简称只有在特定的地区、特定的范围内才能被正确理解，超出这些范围就可能不知所云，很容易被误解。

E. 主观强调

许多毕业生为了取悦招聘人员，再三强调自己的学业成绩，保证自己将努力工作。有的人还数次重复说明自己对所求职位的浓厚兴趣，求职信中频繁出现"我觉得"、"我看"、"我想"等的强调观点，重复使用"我非常希望"、"我真的喜欢"这类强调语气。这些做法实际上都犯了推断上的错误，误认为热情高就意味着成功率高。用人单位普遍喜欢待人处事比较实在、比较客观的求职者，不断强调个人主观愿望的求职信反而令自己处于被动。

F. 限定答复时间

这种求职信一定失败。如"本人于 X 月 X 日外出，敬请贵公司务必于 X 月 X 日前给予答复为盼"或者"现有多家公司与本人联络，故请贵公司从速答复"。即使你真的才高八斗，这样的语句也最好免了。前面那句表面挺客气，可实际上是限定对方在何月何日前给予答复，好像给招聘人员下达命令，容易使人生厌；后一句则更生硬，如同"威胁"对方一般，潜台词好像在说别的公司都对我青睐有加，你不聘我就是你们的失败。用别的单位压对方，往往激怒他们，导致机会全失。求职者与用人单位实际上处于不对等关系，任何有损对方权威的字句，都极有可能使你的努力前功尽弃。

G. 以上压下

用以上压下的口气写的求职信也注定要失败。如"贵公司的郭 XX 董事长鼓励我直接写信给您"或者"贵公司 XX 部郭主任很关心我的工作问题，特让我写信给您，请多多关照"。诸如此类，让招聘人员读后相当反感。因为他们认为这是在"架空"自己，既然你后台那么硬，何必多此一举？干脆让你来做人事主管好了，然后把该求职信一扔了事。其实，你完全可以换个方式来写，如"我从郭 XX 董事长处得知贵公司要招聘技术人员"或"贵公司 XX 部郭主任说你们有意聘请……"这样一来，既说明了获取信息的渠道，又使对方不致产生反感。有关系也不滥用，要靠自己的真本事。

④求职信的使用

A. 求职信的投递

求职信写完后，对于自己心仪的工作职位，要敢于和善于投递求职信。首先，别让用人单位在招聘广告中列出的"资格"给吓着了，许多公司会列出一大堆资格限制，最大的用意不过是想限制应聘的人数，以减少筛选占用的时间。如果列出的条件是"有经验者优先"或"至少一年以上经验"，而你刚从学校毕业不久，虽然实干经验有限，你还是应该试试。其次，招聘广告中列出的待遇比你的最低要求低，但你又觉得这个职位不错，那也可以一试，待竞聘成功，工作以后再争取所要求的待遇。求职信只是敲门砖，到底工作适不适合你，面试之后才能决定。

用人单位收到大批大同小异的求职信以后，他们会尽可能地按照广告中的条件决定取舍。不过，通常情况下并不容易做到这一点。所以，当你的求职信能抓住重点，并且与所要求的条件比较接近时一般都能得到面试的机会。

B. 求职信投递后的信息沟通

毕业生在求职信投递后，会遇到两种情况：一种是当面向用人单位递交，一般直接进入面试过程，当场决定求职的成败；另一种是参加人才市场招聘会或利用网上求职等渠道，会有一个等待期，才能得到参加面试的通知。在等待期内，毕业生不能毫不作为地坐等结果，应采取主动的方式联系用人单位，以加深用人单位对自己的印象，在某种意义上，联系过程的效果会有起死回生的功效。

要注意与用人单位联系的方式。虽然上门拜访是最好展示自己的途径，但一般难以得到用人单位的同意，因此，电话联系是最好的信息传递和情感沟通方式。求职者在使用电话联系时，应注意以下问题：

a. 选择恰当的通话时间

如果是给单位打电话，应当尽量避免在刚上班或快下班这两个时间。这个时间打电话，不仅因为时间仓促而无法认真地表达，而且很可能会因为对方即将开始工作和结束工作，而给对方造成心理上的不良印象。

如果是给个人打电话则应当根据受话人的工作时间、生活习惯选好打电话的时间，当然最好是在约定的时间里和对方联系。如果没有事前约定，不要在受话人的休息时间打电话。

b. 提前准备通话要点

除非你是一个头脑特别清晰的人，否则千万不要打"无准备之战"。而且在一般情况下，打"腹稿"也是远远不够的，最好还是在事前拟出谈话的要点，理清说话的层次，并准备好与通话内容相关的材料，否则，出现词不达意或无话可说的冷场局面，是令人尴尬的。

c. 讲究通话的方式

现在，大多数人都有一个好的习惯，就是在电话拨通后，先向对方问一声"您好"，这是很值得肯定的，礼貌在哪儿都不会有错误。在谈话的过程中，不仅要高频率地使用"您好"、"请"、"谢谢"等礼貌用语，而且还要控制语气语调，不要使这些用语显得生硬。电话绝不仅仅是你声音的传递，而且还是你另外一个形象的展示。

d. 注意倾听的方式

打电话时不仅要认真倾听对方讲话，还要礼貌地回应对方，适度的附和与重复对方谈话中的要点，或者将这些要点用另一种简洁的方式表达出来，这不仅会使对方觉得你在认真听他讲话，而且也比只是简单地说"是"或"好"要让人愉快得多。

切记，千万不要轻易打断对方的谈话，通话完毕应当"谢谢"对方给予自己的帮助，要礼貌地说"再见"，最好对方挂断后再放下电话而不可以很突然地挂断电话。

e. 注意你的通话时间

每次通话时间可以根据对方的情况来决定，最好事先征得对方的同意，但是不管怎样，打电话的时间还是宜短不宜长。如果意识到对方不愉快时，应当主动提出自己是否打扰了对方，并尽快结束谈话。

（2）简历的制作与使用。

个人简历，是求职者向用人单位推销自己的广告和宣言，它既要求在有限的空间里把自我形象同其他竞争者区分开来，又要切实把自己的价值令人信服地表现出来。在得到面试机会之前，简历代表了求职者的一切形象，在制作了一份出色的简历后，求职者就意味着成功了一半。

①个人简介的格式及写法

个人简介的写作原则是全面、稳妥又要有很强的机动性、灵活性。在材料选择上以事实材料为主，重点介绍自己的专业水平、能力及综合素质，略谈自己对学习、工作、生活等的观点、看法。语言要求准确、平实、简洁。布局由重点到从属，详略得当地加以安排。具体包括首部、正文、尾部三部分。

A. 首部

a. 标题。在文章上端居中写明"个人简介"或"本人简介"。

b. 毕业生基本情况。依次写明姓名、性别、年龄、毕业学校、所学专业、哪一届毕业生等。如果户籍在欲供职地区，也应写明。此段的目的是给聘任者一个轮廓印象，需简短、概括才好。

B. 正文

一般分五层展开，包括：

a. 在校期间学习情况

该部分应突出学习的深度与广度，特别是专业知识的掌握程度。具体内容有：所学课程、班级或年级学习名次、所受奖励（如"三好学生"、获奖学金情况等）、参加国家职业资格考试及自学考试情况、专业长项、课外涉猎较多的专业知识领域及其他能说明自身专业优势的内容。

在校学习科目要具有代表性，不宜全部列出而占用过多篇幅。课外涉猎内容应是专业的扩展与延伸。专业长项介绍要有一定说服力，若选一些简单科目则会降低自身水准。如一位计算机专业毕业生写道："我能灵活运用 WPS2000 和 Excel97。"显然，作为一位计算机专业毕业生仅将两个办公自动化软件的应用加以强调，是欠妥当的。

b. 实际操作能力及实践经验

实际操作能力及实践经验已成为用人单位考察人才的重要方面，其内容应和专业紧密联系。实际操作能力的介绍需将取得的成绩写具体。如应写明自己发表或撰写的重要文章的类型、篇数、代表作品，曾参加何种协会组织及担任职务，在专业竞赛中获奖情况等。实践经验的介绍应将社会实践的时限、单位、担任职务、收获或成绩写具体，绝不能蜻蜓点水、泛泛而谈。如有的同学写："曾利用寒暑假从事了一定的社会实践，积累了不少经验"。"一定的"是个不确切概念，具体工作内容没有交代；而结论"积累了不少经验"也是既缺少依据，又不具体。

主体部分前两层主要谈的是专业方面的情况，是文章的核心。两层内容因紧密联系，可以灵活组合。一位计算机专业毕业生就是将专业长项与实践活动一起做的介绍："我长于编程，能较好的掌握 C 语言、FOXBASE、BASIC 等，特别是对 C 语言有较系统、深入的学习，曾利用该语言为 xx 单位财务室编写过财务核算程序，为 xx 小学教务科编写了一篇教务管理程序，以上两个程序都已得到应用，并受到用户好评（两个自编程序演示版拷贝在带来的磁盘中）。"这样写强调了掌握知识重点，突出了实践能力，给人以好学上进、动手能力强的印象，较有说服力。

c. 集中介绍一个或两个方面本专业以外的所学、所长、所取得的成绩及实践情况

该层内容需展现自身能力最突出的一面，甚至可以凭此直接谋到职位的方面。所取得的成绩，一般是指在这些方面获得的文凭、证书或发表的论文、文章等。如一位财务与审计专业毕业生在校期间参加了英语专业自学考试，毕业前已取得大专文凭，在这里他可就英语专业的学习和实践情况做一介绍。写法可看作是第一、第二层之合并，但更为简洁些。

d. 性格、品质及社会工作能力

性格、品质方面的介绍既要尊重事实，又应尽量符合所学专业特点。如会计人员须具备细致、稳健、诚实的特征，营销人员则应有开朗、善辩、不畏挫折的品性。若毕业生社

会工作能力较突出，还应考虑到自身素质适合行政工作的因素。如有典型事迹应写明。此部分的写作切忌夸夸其谈，给人以华而不实之感。

一般该层中，性格、品质方面的介绍只作简明扼要的概述，重点谈的是工作能力方面的内容，且要将自己在校担任的学生干部职务、组织或参与的重要活动、政治表现、获得奖励（如"优秀团员"、"优秀学生干部"）等情况交代具体，以便聘任者考察。也可简略谈一下专业外的社会实践，如曾从事家教、推销员等工作。

因中专毕业生大多年龄较小，易给人造成思想不够成熟、社会经验欠丰富、行政工作能力相对不强的印象，所以此处的介绍也是一个关键。

e. 业余爱好、特长等情况

往往有些特长的毕业生与同等条件的应聘者相比，入选的可能性要大得多。该层的具体内容为：文艺、体育、书法、绘画等方面的特长。这里，选材时要注意把握重点，不宜面面俱到，但应将突出表现写翔实，如"获我校 2000 年春季田径运动会男子甲组百米跑第一名"等。若本人在文艺、体育等方面无任何特长，既可简明扼要地作一交代，如"本人身体健康、爱好广泛，尤其喜欢乒乓球、健美操等运动"，也可略去不谈。

主体部分第三、第四层可根据不同情况颠倒写作次序，即求职者在哪方面能力突出就把该部分内容放在前面介绍。若第三层内容不多，可与第五层合为一部分。

C. 尾部

个人简介的尾部内容主要是表达自己在今后工作中不懈努力、积极进取、厚报单位的决心和信心。也可谈一下自己以事业为重的想法。有时性格、品质的介绍也放于此处。该部分写作应简要，一般三两句话即可。

②简历制作注意事项

对应聘者来说，好的简历意味着成功的一半。那么，怎样准备一份令人过目难忘、留下良好印象的简历呢？下面介绍一下制作简历的 7 个要点，把握好这 7 个要点，就能够写出一份精彩的简历。

A. 内容真实

简历最首要、最基本的要求就是真实。诚实地记录和描述，能够使阅读者对你产生信任感，而企业对于求职应聘者最基本的要求就是诚实。企业阅历丰富的人事经理，对简历有敏锐的分析能力，遮遮掩掩或夸大其词终究会漏出破绽，何况还有面试的考验。

一些不甚明智的做法通常包括：故意遗漏某一段经历，造成履历不连贯；在工作业绩上弄虚作假；夸大所任职务的责权和经验；隐瞒跳槽的真实原因，如将被迫辞职说成是领导无方、公司倒闭描绘成怀才不遇等。其实任何一个有经验的招聘人员只要仔细阅读分析，鉴别履历的真实性并不难。过分渲染、天花乱坠的描述更令人反感。所以与其费尽心机，不如老老实实，只要有真才实学，总会有属于自己的机会。

B. 信息全面

简历的作用，在于使一个陌生人在很短的时间内了解你的基本情况，就如一个故事梗概，吸引他（他们）继续看下去。因此要特别注意内容的完整和全面，尽可能使对方对你有比较全面的印象。

通常简历应当包括以下基本内容：姓名、年龄、性别、家庭住址及户口所在地、教育背景及学历、专业、外语、电脑水平、工作经历、在职培训经历、特长、业余爱好、简单的自我评价以及其他重要或特殊的需注明的经历、事项等。当然，千万不要忘记写明各种联系方法和切实表明对工作的期望，并附上有关证明文件的复印件。

C. 语句简练

招聘人员每天要面对大量的求职履历，工作非常忙，一般在粗略地进行第一次阅读和筛选时，每份履历所用时间不超过 1 分钟。如果简历写得很长，难免遗漏部分内容，甚至缺乏耐心完整细致地读完，这当然对求职者是很不利的。经常有求职者觉得简历越长越好，以为这样易于引起注意，其实适得其反，淡化了阅读者对主要内容的印象。冗长罗嗦的简历不但让人觉得你在浪费他的时间，还能得出求职者做事不干练的结论。言简意赅、流畅简练、令人一目了然的简历，在哪里都是最受欢迎的，这也是对求职者的工作能力最直接的反映。

D. 重点突出

对于不同的企业，不同的职位，不同的要求，求职者应当事先进行必要的分析，有针对性地设计并准备简历。盲目地将一份标准版本大量拷贝，效果会大打折扣。前面所讲的全面不是面面俱到，不分主次，要根据企业和职位的要求，巧妙突出自己的优势，给人留下鲜明深刻的印象，但注意不能简单重复，这方面是整份简历的点睛之笔，也是最能表现个性的地方，应当深思熟虑，不落俗套，写得精彩，有说服力，而又合乎情理。

E. 用词准确

不要使用拗口的语句和生僻的字词，更不要有病句、错别字。外文要特别注意不要出现拼写和语法错误，一般招聘人员考察应聘者的外语能力就是从一份履历开始的。同时行文也要注意准确、规范。大多数情况下，作为实用型文体，句式以简明的短句为好，文风要平实、沉稳、严肃，以叙述、说明为主，动辄引经据典、抒情议论是不可取的。

有的人写简历喜欢使用许多文学性的修饰语，如"大学毕业，我毅然走上工作岗位"，"几年来勇挑重担，为了企业发展大计披星戴月，周末的深夜，常常还能看到办公室明亮的灯光。功夫不负有心人……"，"虽然说'有则改之，无则加勉'，但领导无中生有的指责日甚一日，令我愤懑不已，心灰意冷，终挂印而去"，结尾还忘不了加上一句"我热切期待着一个大展宏图、共创辉煌未来的良机！"之类的口号。这样的简历，只能让人一笑置之。

F. 版面美观

一份好的履历，除了以上对内容方面的要求之外，版面设计也是一个非常重要的因素，是真正的"第一印象"。要条理清楚，标识明显，段落不要过长，字体大小适中，排版端庄美观，疏密得当。既不要为了节省纸张，密集而局促，令阅读者感到吃力；也不要出现某一页纸只有上面几行字，留下大片的空白。还要注意版面不要太花哨，要有类似公函的风格，这也能体现出求职者的基本职业素养。

通常建议使用电脑打印的文稿，如果你的字写得不错，不妨再附上一篇工整漂亮、简短的手书求职信，效果会更好。

G. 评价客观

简历中通常都会涉及对自己的评价，应当力求客观公正，包括行文中所表现出的语气，要做到八个字：诚恳、谦虚、自信、礼貌。这样会令招聘者对你的人品和素质留下良好的印象，而现在已经有越来越多的企业比重视技能和学历更加重视一个人的品行、开拓与合作精神等基本素质。倘若在众多高学历应聘者的激烈竞争中，这方面的因素更加凸现，常常使最终的获胜者脱颖而出。总的来说，既不能妄自尊大，也不能妄自菲薄，这一点上，分寸的把握非常重要。特别要注意避免夸夸其谈，适当坦陈自己经验等方面的某些不足，反而更能赢得好感。

准备好这样一份简历可能需要花费不少心思和精力的。当你送出自己满意的简历前去应聘，一定会增添不少的自信。

一份卓有成效的个人简历是开启事业之门的钥匙。正规的简历有许多不同的样式和格式。大多数求职者把能想到情况的都写进简历中，但我们都知道没有人会愿意阅读一份长达 5 页的流水账般的个人简历，尤其是繁忙的人事工作者。这里有 3 条写简历的重要原则：以一个工作目标为重点，将个人简历视为一个广告，再就是尽量陈述有利条件以争取面试机会。

四、面试技巧

面试是一种经过组织者精心设计，在特定场景下，以考官对考生的面对面交谈与观察为主要手段，由表及里测评考生的知识、能力、经验等有关素质的一种考试活动。面试是公司挑选职工的一种重要方法。面试给公司和应招者提供了进行双向交流的机会，能使公司和应招者之间相互了解，从而双方都可更准确地作出聘用与否、受聘与否的决定。

对于中专毕业生来说，在面试中，用人单位要对你推荐表中所反映的情况作进一步了解，同时也将向你介绍单位的情况，并随时提出一些问题让你回答。有时还会考核你的专业技能，以此判断你的思想品行、专业特长、实际能力和发展潜力。面试对于你是否被录用往往有一锤定音的作用，毕业生必须认真对待，不可忽视。

面试时，推荐材料不再是最重要的因素，毕业生仪表、举止与谈吐变得同等重要。在面试时落落大方，谦虚而不自卑、自信而不骄傲的人格，实事求是与严谨科学的态度，敏捷的思维和较强的分析能力，出众的口才等，是要靠平时的学习和训练的。面试成功与否，从根本上说是由毕业生的综合实力所决定的，而掌握面试的一些技巧本身也是实力的重要组成部分。

1. 面试前的准备工作

面试前的准备工作中专生较为容易忽视，而事实上准备工作是否充分直接体现了面试者的思维、素质、能力、态度等。

（1）准备必备物品，做好硬件准备。

面试前，应把文凭、身份证、报名照、钢笔、证明文件等带齐，以供考官查看。最好带上公司、企业的原始招聘广告，重温该企业的背景情况，重温应聘职位及该岗位的具体要求。

（2）查找交通路线，以免面试迟到。

（3）准备面试时的着装和个人修饰。

参加面试，在衣着方面虽不需特别讲究，但要注意整洁大方。男士衬衫要换洗干净，

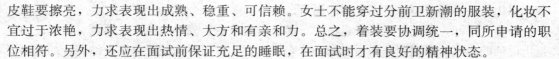

皮鞋要擦亮，力求表现出成熟、稳重、可信赖。女士不能穿过分前卫新潮的服装，化妆不宜过于浓艳，力求表现出热情、大方和有亲和力。总之，着装要协调统一，同所申请的职位相符。另外，还应在面试前保证充足的睡眠，在面试时才有良好的精神状态。

（4）做好面试前的心理准备和知识巩固。

面试者需尝试大声说出你在学校专业教育、技能训练以及曾参加的实习、工作中所学得的相关技能，以及为什么你是该应聘职位的最佳人选的理由，必要时可将要点记录在一张索引卡片上。同时需要将所应聘岗位及自己所学专业的主要知识点浏览一下，做好储备知识的必要巩固。

（5）提前到达面试地点，观察并适应面试氛围。

面试者需提前5～10分钟到达面试地点，以表示求职者的诚意，给对方以信任感，同时也可调整自己的心态，做一些简单的仪表准备，以免仓促上阵，手忙脚乱。为了做到这一点，一定要牢记面试的时间、地点，有条件的同学最好能提前去一趟。这样，一来可以观察熟悉环境，二来便于掌握路途往返时间，以免因一时找不到地方或途中延误而迟到。如果迟到了，肯定会给招聘者留下不好的印象，甚至会丧失面试的机会。

2．面试中的准备

（1）应试者的基本礼仪。

①进入面试场合时不要紧张。如门关着，应先敲门，得到允许后再进去。开关门动作要轻，以从容、自然为好。见面时要向招聘者主动打招呼问好致意，称呼应当得体。在主试人没有请你坐下时，切勿急于落座。主试人请你坐下时，应道"谢谢"。坐下后保持良好的体态，切忌大大咧咧、左顾右盼、满不在乎，以免引起反感。离去时应询问"还有什么要问的吗？"得到允许后应微笑起立，道谢并说"再见"。

②对主试人的问题要逐一回答。对方给你介绍情况时，要认真聆听。为了表示你已听懂并感兴趣，可以在适当的时候点头或适当提问、答话。回答主试人的问题时，口齿要清晰，声音要适度，答话要简练、完整。一般情况下不要打断主试人的问话或抢问抢答，否则会给人急躁、鲁莽、不礼貌的印象。问话完毕但听不懂时可要求重复。当不能回答某一问题时，应如实告诉主试人，含糊其辞和胡吹乱侃会导致面试失败。对重复的问题也要有耐心，不要表现出不耐烦。

③在整个面试过程中，保持举止文雅大方，谈吐谦虚谨慎，态度积极热情。如果主试人有两位以上时，回答谁的问题，你的目光就应注视谁，并应适时地环顾其他主试人以表示你对他们的尊重。谈话时，眼睛要适时地注意对方，不要东张西望，显得漫不经心，也不要眼皮低望，显得缺乏自信。激动地与主试人争辩某个问题也是不明智的举动，冷静地保持不卑不亢的风度是有益的。有的主试人专门提一些无理的问题试探你的反应，如果你"一触即发"，乱了分寸，面试的效果显然不会理想。

（2）应试者语言运用的技巧。

面试场上你的语言表达艺术标志着你的成熟程度和综合素养。对求职应试者来说，掌握语言表达的技巧无疑是重要的。那么，面试中怎样恰当地运用谈话的技巧呢？

①口齿清晰，语言流利，文雅大方。交谈时要注意发音准确，吐字清晰。还要注意控制说话的速度，以免磕磕绊绊，影响语言的流畅。为了增添语言的魅力，应注意修辞美

妙，忌用口头禅，更不能有不文明的语言。

②语气平和，语调恰当，音量适中。面试时要注意正确运用语言、语调、语气。语气是指说话的口气，语调则是指语音的高低轻重配置。打招呼问候时宜用上语调，加重语气并带拖音，以引起对方的注意。自我介绍时，最好多用平缓的陈述语气，不宜使用感叹语气或祈使句。声音过大令人厌烦，声音过小则难以听清。音量的大小要根据面试现场情况而定。两人面谈且距离较近时声音不宜过大，群体面试而且场地开阔时声音不宜过小，以每个主试人都能听清你的讲话为原则。

③语言要含蓄、机智、幽默。说话时除了表达清晰以外，适当的时候可以插进幽默的语言，使谈话增加轻松愉快的气氛，也会展示自己的机智和从容风度。尤其是当遇到难以回答的问题时，机智幽默的语言会显示自己的聪明智慧，有助于化险为夷，并给人以良好的印象。

④注意听者的反应。求职面试不同于演讲，而是更接近于一般的交谈。交谈中，应随时注意听者的反应。如听者心不在焉，可能表示他对自己这段话没有兴趣，你得设法转移话题；侧耳倾听，可能说明由于自己音量过小使对方难于听清；皱眉、摆头可能表示自己言语有不当之处。根据对方的这些反应，就要适时地调整自己的语言、语调、语气、音量、修辞以及陈述内容。这样才能取得良好的面试效果。

（3）应试者手势运用的技巧。

其实，在日常生活交际中，人们都在不自觉地运用手势帮助自己表达意愿。那么，在面试中怎样正确地运用手势呢？

①表示关注的手势。在与他人交谈中，一定要对对方的谈话表示关注，要表示出你在聚精会神地听。对方在感到自己的谈话被人关注和理解后，才能愉快专心地听取你的谈话，并对你产生好感。面试时尤其如此。一般表示关注的手势是：双手交合放在嘴前，或把手指搁在耳下；或把双手交叉，身体前倾。

②表示开放的手势。这种手势表示你愿意与听者接近并建立联系。它使人感到你的热情与自信，并让人觉得你对所谈问题已是胸有成竹。这种手势的做法是手心向上，两手向前伸出，手要与腹部等高。

③表示有把握的手势。如果你想表现出对所述主题的把握，可先将一只手伸向前，掌心向下，然后从左向右做一个大的环绕动作，就好像用手"覆盖"着所要表达的主题。

④表示强调的手势。如果想吸引听者的注意力或强调很重要的一点，可把食指和大拇指捏在一起，以示强调。

以上介绍的是面试中常见的手势，但要达到预期的目的，还应注意因时、因地、因人灵活运用。

（4）应试者回答问题的技巧。

①把握重点，简捷明了，条理清楚，有理有据。一般情况下回答问题要结论在先，议论在后，先将自己的中心意思表达清晰，然后再做叙述和论证。否则，长篇大论，会让人不得要领。面试时间有限，神经有些紧张，多余的话太多，容易走题，反倒会将主题冲淡或漏掉。

②讲清原委，避免抽象。主试人提问总是想了解一些应试者的具体情况，切不可简单

地仅以"是"、"否"作答。针对所提问题的不同，有的需要解释原因，有的需要说明程度。不讲原委，过于抽象的回答，往往不会给主试者留下具体的印象。

③确认提问内容，切忌答非所问。面试中，如果对主试人提出的问题一时摸不到边际，以致不知从何答起或难以理解对方问题的含义时，可将问题复述一遍，并先谈自己对这一问题的理解，请教对方以确认内容。对不太明确的问题，一定要搞清楚，这样才会有的放矢，不致答非所问。

④有个人见解，有个人特色。主试人接待应试者若干名，相同的问题问若干遍，类似的回答也要听若干遍。因此，主试人会有乏味、枯燥之感。只有具有独到的个人见解和个人特色的回答，才会引起对方的兴趣和注意。

⑤知之为知之，不知为不知。面试遇到自己不知、不懂、不会的问题时，回避闪烁、默不作声、牵强附会、不懂装懂的做法均不足取，诚恳坦率地承认自己的不足之处，反倒会赢得主试者的信任和好感。

（5）消除过度紧张的技巧。

由于面试成功与否关系到求职者的前途，所以中职生面试时往往容易产生紧张情绪。有些中职生可能由于过度紧张导致面试失败。因此必须设法消除过度的紧张情绪。这里介绍几种消除过度紧张的技巧，供同学们参考。

①面试前可翻阅一本轻松活泼、有趣的杂志书籍。这时阅读书刊可以转移注意力，调整情绪，克服面试时的怯场心理。避免等待时紧张、焦虑情绪的产生。

②面试过程中注意控制谈话节奏。进入试场致礼落座后，若感到紧张，先不要急于讲话，应集中精力听完提问，再从容应答。一般来说人们精神紧张的时候讲话速度会不自觉地加快，讲话速度过快既不利于对方听清讲话内容，又会给人一种慌张的感觉。讲话速度过快往往容易出错，甚至张口结舌，进而强化自己的紧张情绪，导致思维混乱。当然，讲话速度过慢，缺乏激情，气氛沉闷，也会使人生厌。为了避免这一点，一般开始谈话时可以有意识地放慢讲话速度，等自己进入状态后再适当增加语气和语速。这样，既可以稳定自己的紧张情绪，又可以扭转面试的沉闷气氛。

③回答问题时目光可以对准提问者的额头。有的人在回答问题时眼睛不知道往哪儿看。经验证明，魂不守舍，目光不定的人，使人感到不诚实；眼睛下垂的人，给人一种缺乏自信的印象；两眼直盯着提问者，会被误解为向他挑战，给人以桀骜不驯的感觉。如果面试时把目光集中在对方的额头上，既可以给对方以诚恳、自信的印象，也可以鼓起自己的勇气，消除自己的紧张情绪。

最后，还应正确对待面试中的失误。面试交谈中难免因紧张而出现失误。此时，切不可因一时的失误而丧气。要记住，一时失误不等于面试失败，重要的是要战胜自己，不要轻易地放弃机会。即使一次面试没有成功，也要分析原因，总结经验，以新的姿态迎接下一次的面试。

中职生由于年龄、经历等因素的影响，对自己的人生规划等方面还考虑得不是很仔细，在很多方面容易表现出明显的不足，以上所列技巧，完全是建立在平时综合素质提高的基础之上的。中职生只有面对现实，扎实学习，努力提高，并在面试前放松心态，充分发挥，才容易在今后的职场竞争中抢得头筹。

第五章　实习与企业文化

第一节　企业文化及其重要性

一、什么是企业文化

企业文化是 20 世纪 80 年代初兴起的一种管理理论，是一种文化、经济和管理相结合的产物。企业文化这个概念的提出，并不意味着以前的企业没有文化，企业的生产、经营、管理本身就是一种文化现象，之所以要把它作为一个概念提出来，是因为当代的企业管理已经冲破了先前的一切传统管理模式，正在以一种全新的文化模式出现，只有企业文化这个词汇才能比较确切地反映这种新的管理模式的本质和特点。

企业文化的兴起和研究，反映了企业经营管理理论研究的深入和发展，标志着企业经营管理从物质制度层面向文化层面发展的趋势。研究企业文化，建立具有本企业特色的企业价值观念、企业形象、企业精神、风尚道德等，有助于激发企业发展与变革的内在驱动力，对提高企业经营管理水平具有积极作用。

从文化的层次来看，可以这样理解企业文化的含义：它是一种亚文化，一种特殊的组织文化，是整个社会文化体系中的一个有机组成部分，是随着现代工业文明的发展，企业组织在一定的民族文化传统中逐步形成的具有本企业特征的基本信念、价值观念、道德规范、规章制度、行为准则、文化环境、产品品牌和经营战略等，以及与此相适应的思维方式和行为方式的总和，它具有很强的承继性、时代性、层次性。

随着对企业文化理论的研究，中外学者对企业文化含义的理解也众说纷纭，主要有以下观点：

1. "总和说"

"总和说"认为企业文化既包括物质财富又包括精神财富，是企业内部物质文化、观念文化、政治伦理文化和科学技术文化的总和。具体而言，它是由企业的器物文化（指企业的厂容、厂貌、产品的外观、物资设备、工艺操作等物质性内容）、制度文化（指企业的组织结构、各种明令的规章制度、奖励方式、信息沟通渠道等）、观念文化（企业共同的行为准则和价值观念，包括企业哲学、道德、精神、风尚等）组成的。

2. 群体意识说

群体意识说认为企业文化是一种微观上层建筑，是企业群体反映的价值观、理想、信念、道德规范等意识方面的因素。

3. 价值观说

价值观说认为企业文化是一种观念形态的价值观。企业的文化意识与历史传统、经营精神和风格等均是企业一定价值观的反映，企业文化是一种隐含的，作为企业的一切决策和行为的基本信念。

4. 复合说

复合说认为企业中的文化设施、文化教育、技术培训和文娱、联谊活动等为"外界文化"；企业所倡导的价值标准、道德规范、工作态度、行为取向和生活观念、整体精神风尚等为"内隐文化"，企业文化即为二种文化的复合。

5. 经营管理哲学说

经营管理哲学说认为企业文化是企业经营管理的一种哲学，是一种管理的新思想、新观念。

事实上，企业文化的概念只是在近几十年才产生的，要正确地给企业文化下一个科学的定义，并非易事。从企业文化的本质上，我们可以这样理解企业文化的含义：企业文化的实质就是企业的价值观，企业文化作为企业的上层建筑，是企业经营管理的灵魂，是一种无形的管理方式，同时，它又以观念的形式，从非计划、非理性的因素出发来调控企业或员工行为，使企业成员为实现企业目标自觉地组成团结互助的整体。

二、企业文化的层次结构

企业文化的内容是丰富而广泛的，以上只列出了一些主要的因素，而且这些因素是互相联系、互相渗透、互相牵制的，相互关系复杂。从层次结构上去研究，可以概括为三个层次：

1. 物质层

这是企业文化的最表层部分，是形成制度层和精神层的条件，主要指厂容、厂貌、产品的外观包装、企业技术设备特征以及员工和典型人物的形象等方面。

2. 制度层

这是企业文化的中间层次，主要是指企业的各种规章制度和企业职工对这些规章制度的认同程度，也包括企业的组织结构。

3. 精神层（核心层）

这主要指企业的价值观、企业目标、企业经营哲学、企业伦理道德、企业精神和风尚等，是企业文化深层次的、具有隐性的内核，决定了制度文化和物质文化，是形成企业文化制度层和物质层的基础和原则。

由此可知，企业文化包含三个同心圆，内圆是企业的精神文化，包括企业内的价值观念、行为规范等；中间圆为企业的制度文化，这包括企业内部的规章制度；外层圆为企业的物质文化。

三、企业文化的内容

企业文化的内容十分丰富。狭义的企业文化包括企业哲学、企业价值、企业精神、企业民主、企业道德、企业习俗、企业形象、企业制度、企业环境、企业礼仪、企业风尚等无形的意识形态及与之相适应的文化结构。

1. 企业哲学

企业哲学是企业在创造物质财富和精神财富的实践活动中，从管理的内在规律出发，通过对世界观和方法论的概括性研究和总结，所揭示的企业本质和企业辩证发展的观念体系。由于每个企业具有不同的观念也就产生了不同的企业哲学。从企业管理史角度看，企业哲学已经经历了从"以物为中心"到"以人为中心"的转变。从泰罗的定额与标准化管理，确立了金钱刺激的原则。行为科学理论使理性主义企业哲学向人本主义企业哲学转化，注重人或人的行为对企业行为的作用，形成了"科学的人道主义"企业哲学。第二次世界大战后，理性和科学的方法再次被管理界视为根本的方法，西方现代管理学派确定了实行系统化、定量化、自动化管理的企业哲学。20世纪80年代后，企业文化理论使企业哲学再次发生一次变革，形成以人为本、以文化为手段，激发职工自觉性的新的人本主义哲学。

2. 企业价值

由于文化是人类的生活方式，而只有那些有益的、有价值的生活方式才可能在群体中反复出现，因而价值在文化中居于核心的地位。同样，企业价值在企业文化中也起着核心的作用。可以说，企业文化的所有内容，都是在企业价值观的基础上产生的，都是在不同领域的体现或具体化。

3. 企业精神

企业精神是指企业群体的共同心理定势和价值取向，它是企业企业哲学、价值观念、道德观念的综合体现和高度概括，反映了全体员工的共同认识和追求。企业精神是企业文化的表现形式，包括坚定的企业追求目标、强烈的团体意识、正确的激烈原则、鲜明的社会责任感、科学的价值观和方法论等。

4. 企业目标

企业目标是企业要达到的目的和标准，是企业员工努力争取的期望值。合理的企业目标可以激励人们不懈地努力创造卓越的业绩，有利于塑造优秀的企业文化。

5. 企业道德

企业道德是企业哲学和企业价值的一种反映。它不具有法律那样强制性的约束力，但它有积极的示范效益和强烈的感染力。企业道德通过影响职工的思想观念，确立明确的是非观念，从而导致职工的自觉行为。良好的企业道德规范有助于维护企业内部的经济秩序和安定和谐的人际关系，提高员工的劳动积极性和生产率，同时对整个社会的道德也有良好的影响。

6. 企业习俗

企业习俗是指企业成员长期在舆论的指导下，形成的一种习惯性的行为趋向。与企业道德一样，企业习俗也没有强制性的制约力，只靠舆论的作用。

7. 企业礼仪

企业礼仪是指企业员工关于企业礼仪的观念及其行为方式的总和，也是日常例行事物的一种固定模式，如处理公共关系的方式、信息沟通关系、仪式和典礼等就是企业礼仪的具体表现，它体现着企业的价值观和道德要求，塑造着企业形象，使员工在礼仪文化的氛围中受到熏陶，自觉地调整个人行为，增强为企业目标献身的群体意识。

8. 企业制度

企业制度是企业在生产管理活动中所形成的带有强制性的义务，并能保障一定的权利的规定，是实现企业目标的有力措施和手段。它是保证生产劳动正常运行的必要措施，主要包括企业的厂规、厂纪等一切规章制度和技术操作规程、工作标准等。

9. 企业形象

企业形象是企业文化的综合反映和外部表现，是社会大众和企业员工对企业的整体印象与评价。企业形象通过员工的形象、产品的形象和环境的形象来体现。良好的企业形象，对内可以产生强烈的凝聚力、向心力和感召力，对外可以使大众对企业产生良好的信任感。

10. 企业风尚

企业风尚是企业职工相互之间的关系所表现出来的行为的特点。它是一个企业职工的愿望、情感、传统、习惯等心理和道德观念的表现，是受企业精神和企业道德制约和影响而形成的，是企业文化的综合体现，它是构成企业形象的主要因素。企业精神和企业道德如何，会直接通过企业风尚反映出来。

11. 企业环境

企业文化是在一定的环境中形成的。因此，环境是企业文化发生的土壤。企业生存于环境之中，也改造和创造环境，研究企业文化，必须同时研究企业环境。

四、企业文化对于企业的重要意义

"一个企业没有文化，这个企业就没有凝聚力，从而也会丧失持久的竞争力。"这句话是现在公商界人士最近几年的共识。从企业务实致用的角度，特别是基于管理咨询实践，企业文化用途如下：

1. 导向功能

企业文化能对企业整体和企业每个成员的价值取向及行为取向起引导作用，具体表现在两个方面：一是对企业成员个体的思想行为起导向作用；二是对企业整体的价值取向和行为起导向作用。这是因为一个企业的企业文化一旦形成，它就建立起了自身系统的价值和规范标准，如果企业成员在价值和行为取向上与企业文化的系统标准产生悖逆现象，企业文化会将其纠正并将之引导到企业的价值观和规范标准上来。

2. 约束功能

企业文化对企业员工的思想、心理和行为具有约束和规范作用。企业文化的约束不是制度式的硬约束，而是一种软约束，这种约束产生于企业的企业文化氛围、群体行为准则和道德规范。群体意识、社会舆论、共同的习俗和风尚等精神文化内容，会造成强大的使个体行为从众化的群体心理压力和动力，使企业成员产生心理共鸣，继而达到行为的自我控制。

3. 凝聚功能

企业文化的凝聚功能是指当一种价值观被企业员工共同认可后，它就会成为一种黏合力，从各个方面把其成员聚合起来，从而产生一种巨大的向心力和凝聚力。

4. 激励功能

企业文化具有使企业成员从内心产生一种高昂情绪和奋发进取精神的效应。企业文化把尊重人作为中心内容，以人的管理为中心。企业文化给员工多重需要的满足，并能用它的软约束来调节各种不合理的需要。所以，积极向上的思想观念及行为准则会形成强烈的使命感和持久的驱动力，成为员工自我激励的一把标尺。

5. 辐射功能

企业文化一旦形成较为固定的模式，它不仅会在企业内部发挥作用，对本企业员工产生影响，而且也会通过各种渠道（宣传、交往等）对社会产生影响。企业文化的传播对树立企业在公众中的形象很有帮助，优秀的企业文化对社会文化的发展有很大的影响。

6. 品牌功能

企业文化和企业经济实力是构成企业品牌形象的两大基本要素，它们是相辅相成的。企业品牌展示一个企业的形象，企业形象是企业经济实力和企业文化内涵的综合体现。评估一个企业的经济实力如何，主要看企业的规模、效益、资本积累、竞争力和市场占有率等。企业文化是企业发展过程中逐步形成和培育起来的具有本企业特色的企业精神、发展战略、经营思想和管理理念，是企业员工普遍认同的价值观、企业道德观及其行为规范。企业如果形成了一种与市场经济相适应的企业精神、发展战略、经营思想和管理理念，即企业品牌，就能产生强大的团体向心力和凝聚力，激发员工的积极性和创造精神，从而推动企业经济实力持续发展。企业文化（软件）与企业的经济实力（硬件）紧密关联，无论是世界著名的跨国公司，如"微软"、"福特"、"通用电气"、"可口可乐"，还是国内知名的企业集团，如"海尔"、"华为"、"康佳"等，都具有独特的企业文化和强大的经济实力。品牌的价值是时间的积累，也是企业文化的积累，是企业长期经营与管理积累的价值所在。

7. 调节优化功能

企业文化能起到优化精简组织机构、简化管理过程作用，也可以优化经营决策。它始终把企业的价值观看作是引导企业经营决策的最终依据和衡量决策方案优劣的最终尺度。另外，在企业文化的作用下，全体成员间有共同的价值观，有共同的语言，互相间信任、理解，能进行充分的交流，在工作中形成良好的人际关系等。

8. 辐射功能

企业是社会的细胞，企业文化不仅在企业内部发挥作用，对本企业职工发挥影响，而且还通过企业职工与外界的交往，把企业的优良作风、良好的精神风貌辐射到整个社会，对全社会的精神文明建设和社会风气的根本好转，将产生积极的促进作用。

9. 应变功能

良好的企业文化，可以培养企业员工的危机感和忧患意识，引导员工知变、求变、预变，顺应环境的变化而快速应变。

第二节　实习生如何尽快融入企业文化

一、实习生自主融入企业文化

每个刚涉入职场的新人都迫切希望融入单位，学有所用，干一番事业。但现实总是和理想有很大的距离，单位在给新人平台的同时，也给了一些束缚，这是无法改变的。当你迈入一个单位的大门，就决定了你必须融入这个单位，接受这个单位的企业文化。

1. 把自己经营好，融入团队

不管你自己是否喜欢这个单位的企业文化，你无法否认单位是你生存的空间，是你成长的基石。它会给你无穷的力量，也同样让你吃尽苦头，看你如何选择。一个团队，都有一个共同目标，需要大家通力合作，不能背道而驰。你是团队的一员，你要忘记自己的个性，按已形成的工作流程操作。也许规范显得呆板，但你不能改变，否则下一步的程序就无法进行。你也只有融入团队才能发挥自己的优势。在团队的合作中，你的才干才能得到认同，你的人品才能被他人赞美，这样你才会在这个单位有更好的选择。

2. 掌握好学习和提问的时机

现在职场新人大多都有很广泛的知识面，但往往缺乏工作经验，为人处世的经验也不够。要想尽早有出色的表现，你必须有虚心的态度，多向老员工请教，可视的制度要遵守，不可视的规矩要多问。工作中的难题要及时向身边的同事请教，别太顾及面子。要明白，勤奋的孩子是不会被耻笑的；不懂装懂，等自己不再是孩子时还没懂，才让人轻视。

3. 掌握好表现度

也许你在学校里是出类拔萃的优秀学生，但在单位，要学会谦虚，千万别炫耀自己学生时代的荣誉，踏踏实实做好工作，才能赢得同事的认同。急于表扬自己所知所能，不但不会让人刮目相看，还会遭人厌恶。

4. 收敛自己的个性

当你无法改变企业文化时，你只有努力去适应。每个人都有自己的个性，它是自己独特的性格，有时候会发挥很重要的作用。但刚到新单位，太强的个性会让与你不同个性的人难以相处，也就影响了合作的默契度。所以我们只能暂时收敛自己的个性。在工作中以出色的老职工为榜样，有意识地改掉自己身上的小毛病，如熬夜上网、马虎、上班聊天等。对领导布置的每项工作争取在最短的时间内完成，并且保证质量，这样才会赢得领导的注意，才能很快融入企业文化。

二、企业帮助实习生尽快融入企业文化

在实习生或新员工进入企业之后，企业也会采取一系列措施使新人尽快融入企业文化。

1. 新员工入职培训

人力资源部联合各后勤部门（包括行政、培训、市场等）与各专业业务部门一起，对

所有同时入职的员工一起进行公司整体情况及各部门职能的初步培训。主要以介绍性内容为主，让新员工了解大家庭中的各个职能部门，做到有需要的时候知道联系哪些相关个人，而不至于在遇到困难的时候无处求助。同时，在培训的过程中，所有新入职的人员也可以互相熟悉，建立一个初步的人际关系网络。除了正式的室内培训之外，也会开展户外拓展培训，增强集体凝聚力和团队精神。

2. 各部门专业培训

入职培训结束后，这些意气风发的新人被输送到各业务部门。随着工作知识的积累，为了培养他们快速有效地承担起岗位角色，除了在部门内部接受各种专业培训和在岗训练，培训中心还会每半年为他们组织深入培训课程，详尽介绍公司业务流程、新的运营状况、专业工作技巧，调查工作满意度，及时补给能量。尤其是对员工工作有相当重要性的资格考试，公司提供考试假、免费的内部辅导以及代办一切培训及考试报名手续等服务，帮助员工尽快在工作之余取得相应的在岗资格证书。

3. 工作伙伴与导师制

新员工将与一位老员工进行配对，结成工作伙伴。老员工在日常工作中会主动与新员工进行沟通，引导他们，帮助他们，帮其解决在工作和生活中遇到的具体困难。公司还为每个新人制订了专门的导师，导师会定期与新员工们进行面对面的交流，给予工作反馈，听取他们对工作及公司发展的意见和期望，帮助他们明确方向，指点他们工作和帮助他们解决个人职业发展中的困难与困惑。在反馈过去业绩的同时，导师将帮助新员工制订年度工作目标，并在接下来的日子里监督和指导其完成。年底，导师将与人事部一起，按照年度工作目标的要求对员工表现进行评估，评估结果将作为晋升或加薪的主要依据。

4. 员工活动，家属同乐

在新员工入职的一年期间，公司一定会举行一次全公司范围内的大型员工活动，并邀请员工的亲属一同参加。由于很多企业都采用流水作业线的工作模式，员工在完成自己工作时，有可能只与本工作组的人员有接触，很多时候，同一企业的同事之间不常见面，很难熟悉起来。公司为了让所有的同事能有机会见面和互动，就需要安排全公司范围内的活动。活动形式有运动会、家庭日、卡拉 OK 比赛等。实践证明，这些活动不仅让同事之间的集体感相对增强，邀请家属参加也增加了员工与家人相处的机会，给员工以归属感，促进了工作与生活的平衡。

第三节　世界商业大国企业文化的特点及经典案例

一、美国的企业文化及其特点

美国的企业文化在 20 世纪 70 年代出现，80 年代中期走向成熟。企业文化理论的最初实践者是日本企业家，但美国人总结并建立和完善了企业文化理论。100 多年来，美国一直是西方世界企业管理的领路人，泰勒的科学管理、行为科学与管理科学的发展，给美国带来了巨大的财富，但 20 世纪 70 年代遭遇挫折，日本运用先进的管理模式使其在许多经济领域超过了美国。随着美国学者对日本成功奥秘的研究及对本国管理研究的深入，很大程度上改变了美国人过去的管理行为，成为一场影响深远的管理革命。

20 世纪 50 年代以来，美国企业管理的发展趋势是严密化、定量化和硬科学化，在管理技术上倾向于企业的战略计划、组织结构、制度等管理硬件，在管理中注重社会的契约化、法制化和理性化等。这样，在企业的管理软件方面，如对技能、作风、人员、士气、文化背景等没有充分的重视和发展，在实际企业管理中，主张计划和技术至上，企业人员在生产经营中是必要的但不是最重要的。

20 世纪 80 年代，当日本的许多经济领域，如汽车、相机、光学仪器、家电、信息、钢铁、造船、通讯等达到领先水平并超过美国时，美国的企业管理学者纷纷到日本考察，研究其成功的奥秘。最后得出的结论是：企业管理不仅是一门科学，更重要的是一种文化。于是，一场以"软"化管理为特征的管理革命在美国展开了。

美国企业管理的企业文化革命开始了，随着企业文化理论专著的出版，管理理论逐渐确立了美国企业文化体系，在美国的企业实践中迅速得到应用。从美国的一些著名公司的管理上看，企业文化对企业本身的生存与发展的影响是深远的，它们的企业文化有许多相似之处，如强调以人为中心，注重培养员工；尊重顾客；强调产品质量与优质服务；鼓励发明创造，不断向市场投放新的产品；领导身体力行，带领公司员工，坚持公司的价值观和哲学观念；有明确的企业目标和行为准则，全体员工都共同为之奋斗。具体地说，主要展现在以下几个方面：

1. 强调个人主义，注重绩效及个人能力的发挥

美国历史上的"西进运动"使美国人沿承了好动好冒险的民族特点。当时美国西部土地肥沃，富有冒险精神的移民纷纷西进，寻求致富之路。多年以后，大量移民进入美国，但这一传统特征却被沿袭下来了，美国人明显具有信奉个人能力主义和流动及变动性的特点。所以，在美国人心目中，能白手起家的人是社会上的英雄，美国的社会文化和社会心态要求个人在社会生活中充分表现自我。美国企业文化学者泰伦斯·迪尔和艾伦·肯尼迪指出，若价值是文化的灵魂，那么英雄就是这些价值的化身和组织机构力量的集中体现。美国著名企业塑造并涌现出了一批"英雄"企业家。他们共同的特点就是通过个人奋斗，在事业中获取最大的成功而被企业确认为英雄模范式的人物。

在美国哲学中，实用主义一度占有绝对优势。任何一项发明或发现能否被美国人接受，关键在于能否在现实中加以应用，能否在社会生活中产生效应。这种务实的特点也反映在企业管理模式及企业文化模式中。美国企业用人不把职工的资历、学历、地位、职务等作为衡量人才的砝码，只是注重职工的表现和个人对企业贡献及绩效的大小。

2. 重视个人责任和权利

美国的企业多通过激励员工的个人主义使其与企业合作达到较好的水平，从而获得较高的经济效益。

在美国社会发展中，美国人带有浓厚的个人主义色彩、自信信念、冒险精神和平等观念，倡导自我控制的生活方式。个人主义的平等观念要求同一个团体中各个分子的地位相同，个人不能侵犯大家的权利，大家也不能剥夺个人的权利，同时，作为个人主义的自我保护，个人作为国家的一个公民，有强烈的法制观念，它要求团体不能抹杀个人，只能在

个人愿意交出的一些权利上控制个人。社会权利与义务的界限非常明确，而且是客观的、不带有感情色彩的。

美国个人权利备受重视，是以尊重别人的权利为前提条件的。

由于美国社会是以金钱来衡量个人的实用价值的社会，也是以金钱来推动美国社会和企业运行的，因此在企业文化关系上，表现为企业与员工之间的关系是纯粹的金钱雇佣关系，这样在一定的程度上影响了雇员的工作积极性。

3. 具有典型的西方价值观

价值观是一个企业的基本概念和信仰，它为企业员工规定出成功的标准和方向。许多著名的企业在个人主义的前提下，都讲究公私分明、公平合理、自由民主、平等竞争、自觉守法、尊重人权、突出个性、富于进取、讲究实效、不安现状、勇于创新和富于冒险精神等。

4. 实施制度化管理

制度是美国企业的精髓，不论做什么事，一定要先建立好制度及标准化的作业流程，一旦有问题，先考虑是否是制度有弊端，然后再考虑人为因素。一般来说，主要表现在以下几个方面：崇尚企业做大，强调规模效益；尽量降低成本；把所有的业务都进行细致的分析；开除扰乱秩序的人，做任何事都要进行控制，认为只要加薪、给奖金，生产力就会提高，重赏表现杰出者，监督品质管制，仔细认真地准备财务报表。

5. 强调重视顾客，一切为了顾客的观念

重视顾客的观念，从某种意义上说，是要在公众心目中树立起企业的良好形象。如尊重顾客，不厌其烦地跟顾客建立长久的联系；企业对顾客负责，树立对质量精益求精的精神等。

【美国企业文化案例】

IBM 公司（国际商用机器公司）的企业文化

IBM 公司有 20 万名员工，是世界上最大的公司之一，在世界上一百多个城市设有分公司，人称"日不落公司"。其业务牵涉面甚广，生产、制造技术水平居于世界前列。

IBM 公司的成就与企业文化密切相关。该公司强调职工应该是有相同的信念和价值观，职工之间讲究友善和民主。IBM 公司的企业文化在美国被认为是企业文化的典范。

1. 公司的基本信念

（1）尊重个人，尊重企业中的每一个人的尊严和权利。

（2）为顾客服务，对顾客给予世界上最好的服务。

（3）卓越的工作，在各项工作中卓越地达成目标。

2. 公司的基本原则

（1）对企业界经营管理给予明智的、可信赖的、有才干的指导。

（2）对顾客尽可能地提供有效率的、有效果的服务。

（3）发展技术、改进产品和研制新产品。

（4）通过扩大工作职务的范围，提高职工的工作能力，并给予他们机会，使他们在工作中感到满意。

（5）为所有职工提供平等服务的精神。

（6）确认对股东的义务，向他们提供适当的投资收益。

（7）促进机构所在地区的福利。

（8）尽到作为一个美国公司对公民的职责，并对世界上有业务关系的国家尽到自己的职责。

3. 公司的实际做法

（1）与用户签订契约，不只是机器出售，更包括所有服务项目。

（2）公司的优秀主管助理任期3年，只负责一项工作，就是对任何顾客的抱怨或疑难问题，务必在24小时内解决。

（3）集体服务。若有某公司机器发生问题，IBM公司很可能会从不同的地区派来专家协同解决问题。

二、日本的企业文化及其特点

企业文化作为一种理论是近几年来从美国引入日本的，但日本人的企业实践文化却早于美国，日本实际上是企业文化的故乡。日本企业文化是和日本的传统文化的民族心理紧密地联系在一起的。日本的传统文化和民族心理，一方面深受中国传统文化的影响；另一方面又带有日本特有的"家族"色彩，当这些传统文化和民族心理与现代企业管理相结合时，就形成了独具特色的管理方式和企业文化特色。主要特点表现在以下几个方面：

1. 日本企业文化深受儒教、佛教的影响，推行"和"观念

在日本社会中，大多数人称中国为兄长似的国家，中国的儒、佛、民俗、民风等对日本影响甚大。企业所追求的"人和"、"至善"、"上下同欲者胜"等共同意识均源于此。日本成功的企业家在投身企业界时，均以献身产业的使命人作为自己的第一及最终觉悟。"不屈的斗志"、"农夫精神"、"顺应同化"等，他们都把企业家的性命与事业融为一体，为之奋斗。松下幸之助曾说："专业知识或经验固然相当重要、可贵，我认为仅靠这些还不够，更需要的是舍命的精神，尤其在多事之秋，能发挥舍命精神的人，才是真正有用的人。""感谢报恩"，也是日本企业文化所追求的大义之道。另外，东方民族特有的"勤俭"之风，对日本企业文化的影响也很大。

"和"的主要内涵是指爱人、仁慈、和谐、互助、团结、合作、忍让等，它使日本企业成为高效能团队的精神主导和联系纽带。"和"的观念强调人的主体性，产生了日本企业的共同理念，是集体主义团队精神的根源。

2. 日本企业文化突出表现了主体个性

日本企业的生命力并不在于全日本企业界的共同特征，而在于它深深根植于通过一定历史时期发展而来的单个企业中。市场环境因素的变化复杂性，使企业必须以特有的管理方式适应于所处的环境。因此各大公司如日立、松下、丰田、本田等的企业文化各具特色。比如，松下公司采取以销售为主导型的战略，重视短期利润的模拟家族共同体。日立公司则强调长期研发，具有采取以技术为主导战略的思想共同体等。

3. 日本企业文化的形成受到多方面环境因素的制约

具体来说，主要从内因和外因两方面分析。在外因方面，存在着市场、产品、顾客、

服务、科技、立法、资源等因素的影响；在内因方面，存在着如人员类型、组织形式、教育、技能、成本、利润等因素的影响。在一定的环境下，必然形成一定的经营战略和企业文化。在推动企业发展过程中，又必然会出现创造性破坏、创造性建设。因此企业只要能创造性适应环境变化，作为一个命运共同体，具备团结和统一性，同时，作为一个经营单位，又具备积极、能动的战略手段，则必然形成一定的、持续推动企业发展的企业文化。

4. 推行"终身雇佣制"、"年功序列工资制"和"参与制"是日本企业文化的"三大支柱"

终身雇佣制始于明治维新时代，至第二次世界大战后在日本得以全面推广。索指的是从职工跨入企业门槛的第一天起，就已经将自己一生的工作生涯托付给这个企业。虽然这不是法律规定，但这是日本社会约定俗成的一项默契。因此，日本企业即使不景气，也不会轻易辞退工人。

年功序列工资制是指依据职工的学历、年龄、工龄、能力、效率等确定职工工资制度。在企业内工作的时间愈长，报酬愈多。这种工资制度保证了职工工龄与工资的同步增长，起到了巩固终身雇佣的作用。

企业参与制，是指集体参与管理的制度。表现在：集体决策，会议决策不是以少数人说了算数，必须经多数人同意，甚至尽可能一致通过；通过恳谈会、提案制度等形式，使普通职工能在不同程度上参与决策和管理。

【日本企业文化案例】

松下电器公司的企业文化

1. 松下精神

松下电器公司特别强调"松下精神"，即"顺应同化精神"，主要有7个方面的内容：

①产业报国精神。产业报国是公司的纲领。

②光明正大精神。光明正大为人们处世之本，学识才能有高低，若没有这种精神，则不足为训。

③友好一致精神。友好一致为公司信条，公司人才济济，若无此精神，就是乌合之众，无力量可言。

④奋斗向上精神。为了完成公司使命，只有彻底奋斗才是唯一途径，和平繁荣要靠这种精神争取。

⑤礼节和谦让精神。为人若无礼节和谦让精神，就无正常的社会秩序、社会礼节。谦让的美德塑造情操高尚的人生。

⑥同化精神。若不适应自然哲理，进步发达就无法实现；若不适应社会大势，成功就无法获得。

⑦感激报恩精神。对为职工带来无限喜悦与活力者应持感激报恩之念；此念铭记心中，便可成为克服种种困难的动力。

2. 松下基本企业原则

认清职工身为企业人的责任，追求进步，促进社会大众的福利，致力于社会文化的长远发展。

3. 松下的员工信条

唯有公司每一位成员亲和协力，至诚团结，才能促成进步与发展，每一个人都要记住这一信条，努力使本公司不断进步。

上述条文，不论董事长、部长、课长还是新来的职工，都要齐声朗读。

该公司每天早晨 8 点钟，全体员工都要一起唱厂歌。每个职工每隔 1 个月至少要在其所属团体内进行 10 分钟讲演，说明企业精神与企业和社会的关系，互相提高。

三、韩国的企业文化

韩国的企业文化重视尽忠职守，主张对家庭、对社会、对部下、对自己负责，韩国一些大企业的企业文化主要有以下表现：

1. 有忠于团队的精神

公司重视职工忠诚感的培养，把公司与国家的目标与个人的利益挂钩。每个人的最大贡献不仅是使公司繁荣，也带来国家和个人的富裕，儒家思想及具有人性及情感的领导方法，是培养忠诚的手段。

2. 员工凝聚力的主要支柱是创业者的坚定信念、追求成功的坚强意志、自我牺牲精神以及超前的眼光。

企业家作为企业精神的代表起到表率作用的同时，还要具备带领企业员工一起前进的统率能力。

3. 实行家庭情感主义

公司像家庭一样，公司领导者善于运用各种方式、场合表现对员工及其家庭的关心，尽力给员工以安定的职位，培养家庭式的情感。

4. 组织管理方式上采用兵营式

大部分公司都采取军队式的组织形式，一方面灌输服从意识，培养责任观念，另一方面提高统御能力。

5. 奖罚制度分明

优异者受奖，违纪者必受处罚。

6. 具有团体意识

职工有尽力与团队结为一体的精神，连奖惩都和团队结为一体，使大家都有一种团队的归属感。公司一般采用创立口号、格言的方法来增强职工的团队意识。

【韩国企业文化案例】

三星的企业文化

1. 三星的经营理念

三星认为，实现人类的共同利益，提高人类的工作、生活质量是三星义不容辞的历史责任。作为人类共同体的一员，三星将为此奉献全部的力量。

作为企业，三星将通过创造最佳产品和服务，使顾客获得最充分的满足，来提高人类的工作、生活质量，促进人类的共同利益。

为了实现"为人类社会作贡献"的理想，达到"创造最佳产品和服务"的目标，三星必须一方面，"不仅要放眼世界寻找更多的优秀人才，还要重点培养我们身边思维开放、有创造力的人才"；另一方面，"不遗余力地加快技术开发的投资步伐"，将三星的技术水准提升到一个国际化的程度。

2. 三星人的精神

"三星人的精神"从顾客、世界和未来三个角度对三星员工的精神境界和行为方式提出了要求：

（1）与顾客同在。

三星的顾客不仅包括产品与服务的消费者，还包括三星的员工、股东、供货商和分销商等相关利益群体。在更广泛意义上，整个人类是构成三星价值源泉的客户群。

（2）向世界挑战。

世界是三星活动的舞台。三星立志成为世界超一流企业，在所从事的行业中，居于全球市场领导者的地位。

（3）创造未来。

未来虽尚未到来，但却不是不会到来。只要三星人善于创造，美好的未来必定到来。

3. 三星的新经营哲学

（1）重质经营。

质量是三星的生命，三星视残次品为摧残组织生命的"癌症"。三星的质量目标是拥有多项世界级的产品与服务。为了达到这一目标，三星必须致力于提高产品质量、人力资源质量和经营质量。

（2）信息化、国际化、复合化。

①信息化

在21世纪，企业的成败在很大程度上取决于计算器和信息技术的使用程度。所以三星必须建立一流的信息系统，以加强企业的竞争力。

②国际化

国际化是创建世界超一流企业，实践贡献人类崇高使命的必由之路。三星坚持本土化、最佳化、复合化的国际化策略。

③复合化

复合化是21世纪市场竞争的核心。通过复合化，能够提高组织的系统运行效率，增强组织的竞争力，为顾客提供最优的产品与服务。三星坚决走复合化的道路，努力实现业务选择、产品计划、设计、采购、生产，以致售后服务的多重组合，以此获得在市场竞争的优势。

4. 三星六大价值观

（1）重视人才；

（2）基于健全的危机意识的自我创新；

（3）强调责任的自主经营；

（4）合理思考与合理行动；

（5）廉洁健康的工作作风；

（6）坚持一个方向，实现团队合作。

5．三星的道德规范

意诚心实，身正言直，避免弄虚作假、举止失廉。自律为先，责任在身，防止道德败坏症。尊重人格，平等待人，纠正独裁主义作风。关爱他人，报效国家，不与缺乏人性者为伍。

共享共荣，合作协同，反对利己主义思想。不畏风险，开拓进取，克服萎缩和退化的倾向。

由信生誉，唯誉得用，切忌谎言、狡辩与固执。

6．三星徽标

（1）以青色为基础色。

基础色体现了三星事业领域的广泛性，给人一种安定感和信赖感，同时也体现出"与顾客是共同体"的三星人的意志和姿态。

（2）文字：英文 SAMSUNG。

用世界通用的英语，体现了三星向世界挑战的意志。文字采用了成熟的标识体，从而强化了追求高新技术的企业理念，并给人一种高科技企业的形象。

（3）形体：椭圆形。

椭圆形象征宇宙和世界，给人一种跃跃欲试的感觉，从而体现三星人富于创造和挑战的性格，勇于革新、励精图治的形象。

（4）两端字：S 和 G。

以 S 字开头和以 G 字结尾，两字都有开口部分，表明三星集团与外界息息相通。为人类社会服务，既是三星集团经营的出发点，又是它的归宿，体现了三星与世界共存亡的理念。

第四节 我国的企业文化

任何文化都是在特定的历史条件下形成的，并受其所处的自然环境、传统文化、社会文化、外来文化及经济基础和政治制度的影响和制约，具有鲜明的时代性、个性、社会性和群体性。我国的企业文化的形成也不例外，企业文化作为一种管理实践，却是不能超越国家民族界限的。考察日本、美国的历史文化背景，不难发现，它们之间有社会政治制度的差异、民族文化历史的差异、社会经济发展水平的差异等。我们不能照搬国外的企业文化，要建立具有本国特色的企业文化。

一、我国企业文化的演变

1．改革前"非系统性、外显性"企业文化

我国的社会主义是从半殖民半封建社会脱胎而来的，没有经历发达的资本主义阶段，所以我国企业文化是在传统农业文明基础上发展起来的。在其生成阶段，这种企业文化是一种不系统但又具有很强外显性的企业文化，它更多地受当地社会经济力量、政治力量、文化力量的影响。虽然企业文化未系统成型化，但在文化的物质层面、制度层面以及精神层面上都有很强的外显性（或称可觉察性）。国有企业从厂长到工人每个人都有一种共识，如"我们是国家的主人"、"爱厂如家"、"勤俭节约"、"勤劳苦干"、"无私奉献"、"遵纪守法"等。由于受到上述理念的支配，工人们上下一致，团结奋进，以极大的热情完成上级下达的一个又一个任务。从新中国成立初期第一个五年计划的完成和国民经济的增长率来看，这种外显性的文化对企业生产经营产生了强正面的影响。

2. 改革初期"模糊、隐性"的企业文化

改革初期，由于十年动乱给人们内心带来的巨大创伤，造成了人们的情感和信仰危机，人们彼此间不再相互信任，不再坦诚交流。而对外门户的打开，在带来改革、创新的新风尚的同时，也带来西方个人主义观和拜金主义。人们对未来感到迷茫，都抱着当一天和尚敲一天钟的想法。个人主义、拜金主义和人们之间的冷漠相结合形成了一股文化暗流，如"当官有权不用，过期作废"、"公家的东西，不拿白不拿"、"少管闲事，明哲保身"等，这严重侵蚀着人们的心灵，贪污浪费现象屡见不鲜。公共水房水龙头的水在哗哗地流，人们熟视无睹。这是一种未公开化，却又在人们心头潜移默化地起作用的隐性文化。国有企业在改革初期大幅度亏损的原因除了体制问题、历史遗留问题等因素外，这种隐性文化的负面影响也是原因之一。

3. 改革后新型的企业文化

随着改革开放的进一步深化，人们思想观念的进一步转变，以及适应国际经济形势的需要，一种新型的企业文化伴随着现代企业制度的建立而产生了。

这种新型的企业文化是一种系统性、开放性的企业文化。它有利于企业战略的制定和实施，使企业完成既定的战略目标。这种文化是一种战略支持性文化，由于它与企业的经营策略紧密配合，因此能有效地改善企业的经营绩效，提高企业的竞争力。

对于新型企业文化的分类，参照约翰·科特的方法，把其分为三类：强力型企业文化、策略合理型企业文化和灵活适应型企业文化。我国企业在发展过程中，应根据企业的实际情况、行业特点，分别实施相应的企业文化战略。

二、我国企业文化的现状及其建设

近20年来，随着企业文化的发展以及我国企业文化的理论研究和实践深入展开，人们越来越认识到企业文化的重大价值，许多企业也开始有意识地培育企业文化。但从总体来看，目前由于我国市场经济体制建设时间较短，与市场经济相匹配的企业文化建设相对滞后，不少企业以市场经济文化为背景，以企业价值观为核心的企业文化尚不成熟，在与发达国家市场经济文化的沟通与竞争中显得乏力。主要表现在：从企业文化的内涵上看，缺乏严格意义上的企业价值观，企业核心理念尚未形成；从表现形式上看，注重公关形象的运作过程、目标和结果，但尚未形成良性循环；从企业文化的结构上看，尚停留在表层和中间层，对企业文化的三个主要层次——企业价值观、企业精神和企业形象还缺乏全面的考虑，没有形成一个整体。不少企业家在企业文化的认定上虽然认为越来越重要，但对其内涵却不十分清楚。随着全球经济一体化的推进，我国学术界和企业界的有识之士预测到中国的企业文化将会再度升温。随着我国市场经济建设的发展和全球信息化、跨国公司的兼并与进入，如果再不加强我国企业文化的研究和建设，我们就可能会丧失发展机遇，影响我国企业文化的发展。

江泽民同志关于"三个代表"的精辟论述，阐述了中国共产党始终代表先进文化的前进方向的科学论断，为建设有中国特色的社会主义文化指明了方向。企业文化作为有中国特色的社会主义文化的重要组成部分，也要始终坚持先进文化前进的方向，在实践中不断发展创新是加强企业文化建设的根本指导思想和指导原则，是建设企业文化生命力的源泉。具体而言，加强企业文化建设，要注意以下几个方面：

1. 要在选择性地吸收国外先进文化的同时，注意与中华民族的优秀文化相结合，以期形成本国的企业文化

随着经济全球化进程的推进，中国和世界的交流日益广泛而深入，从文化的角度上看，文化也必将趋向多元化。但企业文化是一定的民族文化的体现，它从属于民族文化并由民族文化所决定。中国优秀的传统文化如重视仁爱，以人为本的传统；团结一致，儒家文化的重教育、启发和强化感化作用的传统；中华民族具有的自强不息的传统和中华民族的爱国主义传统等，要注意继续保持和发扬，同时也要注意摒弃传统文化中不适应现代企业文化建设的不利部分，吸纳国外的优秀文化为我所用。

2. 企业文化贵在创新

只有创新的企业文化才有生命力，才能使企业文化出现活力。在企业文化创新方面要注意不断吸收社会历史进程中的各种新的文化要素，不断融汇现代科学与教育的新内涵，形成具有现代意识、现代知识、现代内容的新企业文化。不妨从以下两个方面入手：一是要致力于企业价值观的创新；二是要确定企业文化创新的机制，并以企业精神为统帅，指导企业不断创新。

3. 注重企业家文化建设，以期带动企业的企业文化建设

企业家担负着企业文化倡导、示范、整合、变革的责任，是企业文化建设的核心推动者，因此，从一定意义上讲，企业文化就是企业家文化。企业文化的建设程序是由上而下的，而不是由下而上的，对企业文化建设而言，企业家的重要贡献和责任，应该是为企业培育一种使企业生生不息的企业文化。因此要加强各类企业的企业家文化建设，以期形成真正意义上的企业家，为企业文化的建设真正起到指导和领导作用。

4. 开放思想，摒弃成见，不断加强学习

学习是企业长期的战略任务，需要具有开放性的头脑，不断向成功者学习，善于分析和总结，善于将其成功之处用到本企业中去。同时，也要加强对市场经济体制的研究和学习，加强对国际规范的了解，瞄准世界科技的发展，针对本行业的特点加强企业文化建设。

第六章　实习与劳动安全保障

第一节　劳动法对劳动者权益的保障

一、劳动法概念

劳动法是调整劳动关系以及与劳动关系密切联系的其他社会关系的法律规范的总和。制定劳动法的目的是保护劳动者的合法权益，维护和发展和谐稳定的劳动关系，维护社会安定，促进经济发展和社会进步。

劳动法有广义和狭义之分。狭义的劳动法指 1994 年 7 月 5 日第八届全国人大常委会第八次会议通过，于 1995 年 1 月 1 日起正式生效的《中华人民共和国劳动法》。广义的劳动法除此之外还包括：全国人民代表大会及其常委会制定的劳动法律（如《中华人民共和国劳动合同法》），国务院制定的劳动行政法规（如《中华人民共和国劳动合同法实施条例》），国务院所属各部委制定的劳动规章，地方性劳动法规和劳动规章，我国批准的国际劳工公约，其他规范性或准规范性文件（如中华全国总工会制定的《工会参与劳动争议处理试行办法》等）。本文中所用劳动法的定义为广义的劳动法。

二、劳动法对劳动者权益保护的有关规定

1．工作时间和休息休假

《劳动法》规定：劳动者每日工作时间不得超过 8 小时，平均每周工作时间不超过 44 小时。如果用人单位因生产经营需要，经与工会和劳动者协商后可以延长工作时间，一般每日不超过 1 小时；因特殊原因需要延长工作时间的，在保障劳动者身体健康的条件下延长工作时间每日不超过 3 小时，但是每月不超过 36 小时。用人单位应当保证劳动者每周至少休息 1 日。企业违反法律法规强迫劳动者延长工作时，劳动者有权拒绝。另外，如果劳动者同意延长工作时间，用人单位必须依法向其支付加班加点工资。

2．工资保障制度

劳动法中的工资是用人单位按照国家有关规定或劳动合同的约定，依据劳动者提供的劳动数量和质量，以货币形式支付给本单位劳动者的劳动报酬。在工资法律关系中，一方面，劳动者享有获得劳动报酬的工资权，另一方面用人单位有自主确定本单位工资分配的权利。为防止用人单位侵害劳动者的工资权利，无故拖欠、克扣工资，拒不支付劳动者延长工作时间的劳动报酬，劳动法建立了工资保障制度。

（1）应当支付足以维持职工及其平均供养人口基本生活需要的最低劳动报酬。

最低工资由各地劳动行政部门会同工会、企业家协会研究拟订，报劳动部征求意见，并把确定的最低工资标准及其适用范围报国务院备案。劳动者的下列收入不得列入最低工资范畴：加班加点工资，中班、夜班、高温、低温、井下、有毒有害等特殊工作环境下的津贴，国家法律政策规定的劳动保险、福利待遇、职工培训费、防护用品费、计划生育补贴、特困补贴、住房补贴、伙食补贴、非经常性奖金等。

（2）工资支付制度。

工资应当以法定货币形式——人民币支付。特定用人单位如外资企业可以用外币支付，除法律规定或集体合同规定外，不得用实物及有价证券代替货币支付。工资必须在用人单位与劳动者约定的日期支付，工资至少每月支付一次，实行周、日、小时工资制的按周、日、小时支付工资。

（3）加班加点工资及计算方式。

用人单位有下列情形的，应按照下列标准支付高于劳动者正常工作时间的工资报酬：

①安排劳动者延长工作时间的，支付不低于工资150％的工资报酬。在休息日安排劳动者工作的，支付不低于工资200％的工资报酬。

③法定休假日安排劳动者工作的，支付不低于工资300％的工资报酬。

3．职业安全卫生保护

依照《劳动法》、《安全生产法》、《矿山安全法》的规定，用人单位有义务向劳动者提供符合劳动安全卫生标准的劳动条件，对劳动者进行劳动保护教育和劳动保护技术培训，建立和实施劳动保护管理制度。在与劳动者订立劳动合同时，应将工作过程中产生的职业危害及其后果、职业病防护措施和待遇如实告知求职者，不得隐瞒和欺骗。职工在生产工作环境中接触职业性有害因素造成职业病的，应当认定为工伤，用人单位应当提供工伤的各种待遇。同时，《劳动法》第58条还根据女职工的生理特点，对女职工的经期、孕期、产期、哺乳期实行特殊劳动保护，规定了女职工的禁忌劳动范围。

4．关于试用期的长短

我国法律规定，劳动用工的试用期最长不得超过6个月，一般为3个月。劳动合同期限不满6个月的不得设立试用期；劳动合同在6～12个月内，试用期不超过15日；劳动合同期限在1～2年内，试用期不超过30日；劳动合同期限在2年以上，试用期不超过6个月。

在签订合同时都应列明试用期满后如何进行考核等内容。毕业生一定要认真阅读有关条款，防止用人单位利用非常苛刻的条件，使你根本无法达到其提出的要求而不能转为正式员工。

5．关于定金、保证金的收取

我国《劳动法》规定，用人单位与劳动者签订劳动合同时，不得以任何形式向劳动者收取定金、保证金或者抵押金（物）。

6．相关法律责任

（1）用人单位造成劳动者工资收入损失的，按劳动者本人应得工资收入支付劳动者，并加付应得工资收入25％的赔偿费用。

（2）造成劳动者保护待遇损失的，应按国家规定补足劳动者的劳动保护津贴和用品。

（3）造成劳动者工伤、医疗待遇损失的，除按国家规定为劳动者提供工伤、医疗待遇外，还要支付劳动者相当于医疗费用25％的赔偿费用。

（4）造成女职工和未成年人身体健康损害的，除按国家规定提供治疗期间的医疗待遇外，还应支付相当于其医疗费用25％的赔偿费用。

（5）劳动合同约定的其他赔偿费用。

当然，劳动者违反《劳动法》有关劳动合同规定和劳动合同的约定解除劳动合同，对用人单位造成损失的，劳动者也应赔偿损失。

三、社会保险和社会救济制度

社会保险制度是整个社会保障体系的核心。它与社会福利、社会救济等制度分别从不同的侧面对劳动者实施保护。《劳动法》第九章对我国社会保险和福利作了比较明确的规定。当前，我国社会保险和社会救济制度的覆盖面正在不断扩大，与社会主义市场经济体制相适应的社会保障体系也在逐步形成。

1．社会保险的概念

社会保险是指劳动者因年老、伤病、残废、生育、死亡造成劳动能力丧失或失去职业岗位等客观情况导致经济困难而从国家和社会获得补偿和物质帮助的保障制度。社会保险的内容包括：养老保险、医疗保险、工伤保险、失业保险、生育保险和死亡遗嘱保险。

2．社会保险结构

目前我国的社会保险结构是由国家建立基本保险、用人单位建立补充性保险、个人建立储蓄性保险所组成的多层次社会保险结构。其中，国家基本保险是由国家统一建立并强制实行的为全体劳动者平等地提供基本生活保障的社会保险；用人单位补充保险是由用人单位根据自己的经济实力，自主地为劳动者建立，旨在为本单位劳动者在已有的基本生活保障的基础上进一步获得物质帮助的社会保险；个人储蓄保险是由劳动者根据个人的收入情况自愿以储蓄形式为自己建立的社会保险。

3．社会保险各主要险种

（1）基本养老保险。

基本养老保险是按国家统一政策规定强制实施的为保障广大离退休人员基本生活需要的一种养老保险制度。我国基本养老保险制度实行社会统筹与个人账户相结合的模式。基本养老保险覆盖城镇各类企业的职工，城镇所有企业及其职工必须履行缴纳基本养老保险费的义务。目前，企业的缴费比例为工资总额的20％左右，个人缴费比例为本人工资的8％。企业缴纳的基本养老保险费一部分用于建立统筹基金，一部分划入个人账户，个人缴纳的基本养老保险费计入个人账户。

（2）基本医疗保险。

城镇所有用人单位及其职工都应参加基本医疗保险，缴纳基本医疗保险费。用人单位的缴费比例为职工工资总额的6％；职工缴费起初为本人工资收入的2％，之后随着经济发展逐步提高，职工缴费全部记入个人账户。用人单位缴费分两部分，一部分（30％）用于建立个人账户，另一部分用于建立统筹基金。乡镇企业及其职工、城镇个体经济组织及其从业人员由省、自治区、直辖市政府决定是否参加医疗保险。

（3）失业保险。

城镇所有企事业单位及其职工，无论单位生产经营状况好坏，职工失业风险大小，都必须参加失业保险。单位的缴费比例为工资总额的 2%，个人缴费比例为本人工资的 1%。享受失业保险待遇需要满足三方面的条件：缴纳失业保险费满一年；非因本人意愿中断就业；已经办理失业登记并有求职要求。失业保险待遇主要是失业保险金。失业保险金按月发放，标准低于最低工资标准、高于城市居民最低生活保障标准。领取失业保险金的期限根据缴费年限确定，最长为 24 个月。

（4）工伤保险。

工伤保险指职工因工而致伤、残、死亡，依法获得经济赔偿和物质帮助的一种社会保险。用人单位必须以投办保险的方式或直接支付的方式承担对工伤职工的全部赔偿责任。职工有下列情形之一的应认定为工伤：在工作时间和工作场所内，因工作原因受到事故伤害的；工作时间前后在工作场所内从事与工作有关的预备性或收尾性工作受到事故伤害的；在工作时间和工作场所内因履行工作职责受到暴力等意外伤害的；患职业病的；因工外出期间，由于工作原因受到伤害或发生事故、下落不明的；在上下班途中受到机动车事故伤害的；在工作时间和工作岗位突发疾病死亡，或者在 48 小时之内经抢救无效死亡的；在抢险救灾等维护国家利益、公共利益活动中受到伤害的。

4．社会救济

社会救济是对低于平均生活水平的经济特别困难者给予救助，以保障其最低生活需要的制度。1999 年 9 月，国务院颁布了《城市居民最低生活保障条例》，各地应按照当地居民生活必需品费用和财政承受能力，实事求是地确定保障标准。目前，根据国办发［2003］49 号文件《国务院办公厅关于做好普通高等学校毕业生就业工作的通知》精神，我国部分省、市、自治区已将因各种原因就业困难的中职生纳入了城市居民最低生活保障的范围。一些家庭贫困而就业暂时困难的中职生可向当地政府申请城市居民最低生活保障金。

第二节　实习生劳动权益的保障

一、实习生在实习单位的劳动保护问题

作为一种制度安排，中职学校按照专业培养目标要求和教学计划，组织在校学生到企业等用人单位进行教学实习和"顶岗实习"，这是中职学校教学的重要内容。所谓"顶岗实习"是《国务院关于大力发展职业教育的决定》中"2+1"教育模式，即在校学习 2 年，第 3 年到专业相应对口的指定企业，带薪实习 3~6 个月，然后由学校统一安排就业。它不同于其他诸如毕业实习、试用、见习等方式的地方在于："顶岗实习"使学生完全履行其实习岗位的所有职责，独当一面，具有很大的挑战性，对学生的能力锻炼起很大的作用。面对中职生求职时"没有工作经验难就业，而不能就业也就没有工作经验"的尴尬局

面，是否具有较强的实践操作能力成为衡量毕业生综合素养的重要尺度，尤其是用人单位把毕业生是否具有丰富的实习工作经验，作为优先录选的重要条件。因此，中职学校和用人单位以及中职生本人都极其重视中职生的实习实践环节。但是，令人担忧的是：中职实习生实习期间的权益保护问题还处于"真空"阶段，现阶段我国还没有相关完善的中职生实习制度和权益法律保障体系。一旦出现工伤、酬薪等权益方面的纠纷问题时，由于没有统一的规定和程序，加上一些用人单位不签订实习权益保障协议，双方的权利义务不明确，致使学校、学生、实习单位都处于尴尬境遇。实习生劳动权益的维护主要面临以下几大问题：

1. 实习生法律地位问题

由于在校学生不是一个法律意义上的劳动者，他和用人单位之间也没有建立起事实或者法律上的劳动关系，所以实习生在劳动中受到伤害，很难按照劳动法或者工伤保险条例有关规定，提出工伤损害赔偿要求。

国家劳动部 1996 年 10 月 1 日发行的《企业职工工伤保险试行办法》中规定：到参加工伤保险的企业实习的大中专院校、技工学校、职业高中学生发生伤亡事故的，可以参照本办法的有关待遇标准，由当地工伤保险经办机构发给一次性待遇。工伤保险经办机构应向有关学校和企业收取保险费用。

2004 年 1 月 1 日起国务院施行的《工伤保险条例》取代了旧的试行办法，对实习中的伤亡事故认定及处理没有作出明确规定。由于实习协议并不属于劳动合同，因此不受劳动法保护。而在实习期间，双方在"实习协议"中约定的工作岗位、劳动报酬等条款如果并没有得到遵守，实习生的权益无法得到劳动法的维护。

按照我国法律规定，工伤是指劳动者在从事生产劳动或与之相关的工作时，发生意外伤害，包括事故伤残、职业病以及因这两种情况造成的死亡的情况。相应的，只有属于工伤事故的范围，有关劳动者才能依据《工伤保险条例》的规定，向用人单位提出工伤损害的赔偿请求。从我国现有法律来看，判断某一情形是否适用于工伤赔偿，主要有两大标准：

（1）争议当事方是否具备《工伤保险条例》规定的主体资格。

即争议一方须为劳动者，另一方则是符合法律规定的用人单位。其中，用人单位包括我国境内的各类企业、有雇工的个体工商户等。那么，在校学生是不是劳动者，他们是否具备有关法律规定的工伤保险赔偿的主体资格呢？劳动部关于《中华人民共和国劳动法》若干条文说明第二条规定，劳动法对劳动者的适用范围，包括三个方面：①国家机关、事业组织、社会团体的工勤人员；②实行企业化管理的事业组织的非工勤人员；③其他通过劳动合同（包括聘用合同）与国家机关、事业单位、社会团体建立劳动关系的劳动者。而在劳动部印发的《关于贯彻执行<中华人民共和国劳动法>若干问题的意见》中，则又进一步明确规定：在校生利用业余时间勤工助学，不视为就业，未建立劳动关系。

可见，我国相关法律法规以及有关的司法解释对劳动者的年龄、学历、是否纳入就业保障范围都作了明确的规定，而在校学生不具备这些"劳动者的条件"。因此，实习的在校学生不能算是《中华人民共和国劳动法》意义上的劳动者，他们因而也不具备工伤保险赔偿的主体资格。

（2）争议双方有无劳动关系。

劳动者要提出工伤认定申请，需要提交与用人单位存在劳动关系（包括事实劳动关系）的证明材料。换句话说，要进行工伤损害索赔，劳动者必须与用人单位存在劳动关系才行。

除了以上两个标准，是否适用于工伤赔偿，还可以通过两个辅助标准来判断：一是看双方有无签订劳动合同；二是看双方是否存在事实上的社会保险关系，即用人单位是否为劳动者依法缴纳了"三金"或"四金"。如果这两种情形均不存在，也可在一定程度上表明双方的争议并不属于工伤保险赔偿的范围。

综上所述，在校学生不是一个法律意义上的劳动者，他和用人单位之间也没有建立起事实或者法律上的劳动关系。

由于不存在劳动关系，所以实习生在劳动中受到伤害，确实很难按照劳动法或者工伤保险条例的有关规定，向用人单位提出工伤损害赔偿的要求。按我国法律规定，员工在企业受伤后，应进行工伤鉴定，而医疗费用应由工伤保险或企业来支付。但对于学生在实习期间受伤后该如何认定，我国法律没有明确的规定。

2．实习期变成"盘剥期"，无故辞退实习生或延长试用期现象长期存在

顺利通过实习期是当前中职生首先要面对的挑战，部分用人单位以追求企业利益最大化为目的，为了降低用工成本，利用实习生求职急切的心理，在试用期上做文章。以试用为由延长试用期，并在试用期内不与实习生签订相关的劳动合同，不为其办理相关的社会保险，并在试用期结束时以各种各样的理由无端将实习生辞退，或者故意延长试用期，致使实习生自己辞职，然后重新招募新的实习员工，全然不顾社会的道德伦理，把实习生的试用期当成剥削期，从中获利，这已成为一些用人单位的惯用伎俩。这些单位，不断地从人才市场招聘新的实习生，不断有中职生在实习期间扮演"奴役"的角色，这些单位只用实习生，实习期结束就辞退中职生。在这种不断的招收—辞退—再招新人，实现企业人力资本资的最小化。少数用人单位这种短视的心理取向，致使中职生的实习期成了部分用人单位榨取人力资源的无偿"剥削期"。

3．实习期间尚未享有相关基本待遇，最低生活保障问题难以解决

中职生的劳动付出应该得到相关的有效补偿，这是不容置疑的。但当前由于处于转型时期的市场经济体制还不是很健全，作为市场主体的雇佣方，许多行为得不到规范和约束。中职生因为社会经验少，处于相对的弱势地位，他们的付出与回报比例悬殊，甚至有些中职生在实习期间还要向实习单位交纳一定的费用。我们承认，用人单位为中职生的成长成才提供了良好的实践机遇，但问题的本身与界定的尺度应该是中职生劳动投入与企业回报之间的利益大小问题。如今，部分企业管理者以金钱为导向，爱心缺失，庞大的学生群体的就业压力使部分用人单位以提供就业机会和试用考察为由，把实习生当成了廉价劳动力，部分只是给予基本的生活保障，有些分文不给，这些与市场经济条件下部分用人单位的不正确价值观有直接关系。教育部与团中央的有关通知和规定，要求企业的实习生应该享受基本工资和工作时间的保护，但事实是，面对严峻的就业形势，实习生在职场目前处于劣势，并没享受到这些基本保障的主动权。

4. 实习生与实习单位不签订劳动保障协议书，发生工伤、医疗等事故，合法权益无法保障

值得关注的是，实习期间的实习生只有极少数人和用人单位签订了劳动保障协议，调查显示：大部分用人单位不愿意跟实习生签订劳动保障协议。同时，部分职校管理者尚未意识到中职生实习合法权益保障的重要性，相关配套的学校管理措施和文件法规尚未健全，这些致使中职生在实习期间一旦出现工伤、医疗等事故时没有相关的法律可依，中职生的合法权益无法保障。根据有关规定，劳动者在试用期内依法享有保险、待遇等基本权利，用人单位与劳动者建立劳动关系后，应该为其缴纳医疗、养老、失业等保险，但这些目前根本无法落实。如河南省技工学校学生李淑在实习期间发生汞中毒，最终无奈地将实习单位告上法庭等。一个个鲜活的事例，说明中职生的合法权益不能得到有效保障。实习期间的中职生，一旦出现实习生权益受损的事件，用人单位认为实习生不是单位正式员工，不能给予工伤保险赔偿，司法系统因为没有相关的劳动协议保障难以受理，劳动部门因为没有相关的明文规定而无法界定，学校认为工伤、医疗等事故应该由保险公司赔偿。因此中职生的实习合法权益没有从制度上得到有效保障。

【案　例】

19岁的小李是某医药技工学校的二年级学生。前段时间，在校方的统一安排下，她和其他十几名同学来到一家药业公司实习，从事药品包装工作。

令人意想不到的是，实习了两个月后，小李开始感到全身酸痛，肌肉颤抖，而且还不断掉头发。很快，去医院做检查的小李被确诊为"汞中毒合并肾伤害"。住院至今，小李先后花费了3万元医疗费。尽管目前她已确认是在实习期间因工作原因而患上重病，但当小李向实习单位提出工伤赔偿请求时，却被告知不是公司的正式职工，因此她的情形不构成工伤，公司没有义务赔偿。就这样，公司拒绝为小李承担医疗费，而家境贫寒的小李全家就此陷入了困境之中。

万般无奈之下，小李一纸诉状把她实习的这家药业公司告上了法院。在受理案件的法院的调解下，这家药业公司同意负担小李的医疗费用，但公司明确表示，公司出钱纯粹是出于同情，这笔费用绝非小李的工伤损害赔偿金。

二、中职实习生劳动权益损害的原因

1. 中职院校管理的缺位

我国各职业院校在学生走向正式工作岗位之前，绝大多数都会组织和安排学生进行一段期间的实习活动。由于本身缺乏足够的工作经验和风险防范意识，加之对于实习生的人身损害问题在规范层面缺乏具体明确的规定，实习生在实习期内很容易受到人身损害。在组织实习活动中，很少有学校积极主动地与用人单位和学生签订三方实习协议，同时，部分院校的管理者尚未意识到中职生实习合法权益保障的重要性，相关配套的学校管理措施和文件法规尚未健全，一旦出现中职生合法权益受到损害的事实，学校很难站在中职生的立场上为他们争取权利。有的院校甚至会责怪自己的学生，推诿自己的责任。

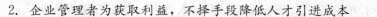

2. 企业管理者为获取利益，不择手段降低人才引进成本

市场经济使企业有了用人自主权，竞争体制的引入使得企业置身于市场竞争的大浪中，于是，效益便成为企业追求的目标。追求企业成本最低化，实现创利最大化是企业立足市场的根本，这本无可厚非，但是有的用人单位缺乏社会责任感，为了追求利益，节约开支，占领市场，他们仅仅把实习生作为廉价劳动力，而不提供安全的工作环境，有的甚至故意以种种理由克扣实习生工资或者抵押金，他们想尽一切办法利用实习生为企业创利创惠。还有一些职业中介机构，看准学生缺少社会经验和找工作心切的心理，许以颇具诱惑力的承诺，引学生入套，而在收取高额中介费后，却又以种种理由不履行当初的承诺。这种为了追求物质利益最大化，却以丢失企业诚信，损害企业社会形象为代价的做法目前正成为部分短视企业获利的"最佳决策"。

3. 中职生自身法律保护意识不强

根据有关调查显示，参与实习的中职生一般不主动与用人单位签订实习协议，不了解自己在实习期间的权益到底有哪些。中职生在实习期间与用人单位的交涉中处于劣势，使得一部分中职生在受到侵害时，不愿通过合法途径维护自己的合法权益，有的甚至根本就没有意识到自己的合法权益受到了侵害。同时，面对中职生求职就业压力，使得实习生处于弱势地位而不敢争取自己应得的权益。另外，中职生缺乏必要的社会经验和心理素质去应对各种突发事件，自我维权意识缺乏和自我保护能力较弱，这也是中职生实习期间合法权益受损的主要原因。

4. 现行法律对实习学生法律权益保护的空白

对于"顶岗实习"的学生来讲，实习期间的权益保护问题还处于"真空"阶段，现阶段我国还没有相关完善的中职生实习制度。由于根据学校的教学计划被安排到实习单位实习的在校学生与实习单位之间并未建立实质意义上的劳动者与用人单位之间的身份隶属关系，双方之间不存在法律上和事实上的劳动关系，其权利义务关系不受《劳动法》的保护。因此，在校生在实习中受伤，不能按照《劳动法》和国家《工伤保险条例》的规定进行工伤认定。同时，国家的有关规定对实习环节和校外兼职的约束太少，缺乏可操作性，造成中职生在实习生活中权益受到损害时无法可依。

三、实习生维权的有效途径

1. 学校要按照国家有关规定，严肃认真地组织好学生实习工作

由于实习生的身份特殊性和实习单位的差异性，实习的组织管理涉及学校、学生、实习单位，情况复杂，如果没有组织好、安排好，容易出现各种问题。所以作为学生实习的组织者、实施者，一定要相互协商沟通，保障实习生的权益得到合法保护。作为学校，要按照教育部的有关实习规定要求，制定全面完整的实习计划，要考察挑选符合实习条件的单位作为实习对象。要注重加强实习生实习期间的教育管理，落实实习指导老师。对专业技能性强、操作危险性较大的机械、电气类实习岗位，要加强学生的安全意识和操作规程预练，避免意外事故发生。

2. 慎重选择实习单位

学校在安排实习单位前，一定要亲自去实习单位现场察看，结合实习要求进行挑选。

确定实习主要是三看：一看单位身份资质，是否具有法人资格，是否有正规营业执照，是否有固定营业场所。如果是大公司的下属机构，一定要到该公司总部核实清楚。二看实习环境条件，察看实习工作、生活环境条件，具体岗位环境，看有无实习安全隐患。三看劳动保障，主要了解实习待遇、意外保险、工伤保险、作息时间、劳动强度等情况。

3. 要尽可能与实习单位签订书面实习协议

实习协议是指学校、实习生与企业通过各方自愿协商的方式签订实习协议，来规范实习行为，主要是对实习报酬、安全工作、事故责任、投保等事项作出约定，特别是对实习生在实习期间发生伤亡事故承担责任的问题进行明确约定。在目前法律对实习生的劳动保护方面存在缺陷的情况下，签订的协议可以明确三方权利义务，一旦发生实习违约情况，可以依据协议提起民事诉讼。

实习协议书一定要明确学校与实习单位双方的权利义务。如协议书中一定要明确实习期限、企业和学校的管理职责、劳动保护的规定、伤亡事故的处理办法等事项。其中企业应承担的管理职责包括配合学校做好实习学生的管理，建立健全工作责任制，加强对学生上岗前的安全防护知识、岗位操作规程的教育等。学校的管理职责则包括对参加实习的学生制定详细的实习计划、委派专人管理学生的实习等。

附：实习协议范本

甲方：
地址：
电话：
乙方：
地址
电话：
丙方：
地址：
电话：

因丙方安排学生实习需要，经甲乙丙三方协商就甲方接受丙方学生实习事宜达成一致，制定本协议。

1. 丙方根据实习的需要，安排乙方到甲方实习，并保证所推荐学生的思想品德及学习成绩优良，在校期间无处分等不良记录。乙方在实习期间要服从甲方实习安排。

2. 丙方对所推荐的乙方应进行实习前培训和安全教育，并要求乙方严格遵守甲方的各项规章制度，服从甲方的管理，参加甲方组织的安全教育。丙方协助甲方加强对乙方的管理，定期了解其工作表现和思想状况，并和甲方及时交流。

3. 甲方应根据丙方要求安排乙方到甲方所属有关部门从事相适应的工作，并负责安排实习指导老师。实习期间，作息时间、实习纪律等，由甲方参照甲方的要求制定。实习期间，经甲方考核，乙方不能适合甲方要求、严重违反甲方规定（如发现工作表现差、不遵守规章制度）及有违法或在社会上有不良行为，甲方有权将乙方立即退还丙方，并不承担任何违约责任。

4. 实习前，乙方应到甲方指定的医院进行体检，合格后方可进行实习。

5. 实习期间，甲方对乙方因违章操作而造成的身体伤害以及乙方财产损失不负责任，对甲方造成的经济损失由乙方和丙方共同赔偿。

6. 实习期间，丙方必须为乙方购买意外伤害保险，甲方对乙方因意外事故而造成的伤害以及财产损失不负责任，对甲方造成的经济损失由丙方和乙方共同赔偿。

7. 实习期间，乙方发生下列情况之一，甲方有权立即终止乙方的实习：乙方被证明不符合实习要求；乙方从事违法活动，故意给甲方造成严重损害或重大损失，甲方有权依照国家法律法规追究乙方和丙方的法律责任及提出赔偿条件。

8. 实习期间，甲方向乙方提供免费的工作午餐。甲方按照劳动部门的有关规定，为乙方提供良好、安全的工作环境，提供与正式员工相同的劳动保护用品。

9. 实习期间，乙方离开甲方，需提前三十天书面通知甲方，方可终止本协议。

10. 实习期间，甲方有权以合理原因提前三天书面通知乙方终止本协议。

11. 甲方根据乙方在公司实习期间的表现，在实习期满后提供实习鉴定。乙方在实习期间表现优异并获得甲方认可，且甲方需要增加员工时，可优先录用成为甲方正式员工。

12. 本次实习期限自_____年____月____日起至_____年____月____日止。甲方因公司的经营需要终止实习，可与丙方协商决定。

13. 本协议未尽事宜，由甲乙丙三方协商解决，并另行签订补充协议，补充协议与本协议具有同等效力。

14. 本协议一式三份，甲乙丙三方各执一份。本协议自三方签字或盖章之日生效，至乙方实习期满自行失效。

甲方（盖章）：
代表签字：
日期：
丙方（盖章）：
代表签字：
日期：
乙方（盖章）：
代表签字：
日期：

4. 建立学校、学生、用人单位"三方保险"制度

为规避实习中出现的工伤、医疗等事故，为实习学生购买保险也是一种很好的方式。中职生在进入实习阶段前，学校通过签订三方协议，要求学校、学生、用人单位进行三方保险，三方面保证实习学生的利益。按照要求，首先，所有参加"顶岗实习"的学生都自行购买了至少一份人身意外伤害险；其次，学校方面也要为学生购买一份保险，而保险费由企业承担，即实习单位出资，投保人为校方；同时，还应要求实习单位为学生购买一份保险。这样即可改变以往"学生怕万一出事没保障不愿意实习，学校怕学生顶岗实习出了事单位不赔偿、学校无力承担而不敢让学生实习，单位也怕学生出事不敢让学生来顶岗实

习"的局面。

附：关于印发《中等职业学校学生实习责任保险实施方案》的通知

教职成司函〔2010〕8号

各省、自治区、直辖市教育厅（教委）、各计划单列市教育局、新疆生产建设兵团教育局、各有关单位：

为认真贯彻教育部、财政部、中国保险监督管理委员会联合印发的《关于在中等职业学校推行学生实习责任保险的通知》（教职成〔2009〕13号）（以下简称《通知》）的精神，加快建设基本覆盖城乡、贯穿学生实习实训全过程的中等职业学校学生实习风险管理机制，切实做到中等职业学校参加实习的学生人人参保、应保尽保，充分发挥责任保险机制在化解学生实习责任风险中的作用，确保中等职业教育健康发展，教育部职业教育与成人教育司最近组织了有关保险专家、相关法律专家、职教行政管理部门和部分中等职业学校代表，对相关保险机构开发的"中等职业学校学生实习责任保险实施方案"（以下简称"保险方案"）进行了详细论证。现将经我司审定的保险方案印发你们参照执行，并就有关事项通知如下。

一、保险方案

目前选择的中等职业学校学生实习保险方案是在英硕（北京）保险经纪有限公司的协调下，由中国人民财产保险股份有限公司和中国平安财产保险股份有限公司联合组织开发的保险方案。本方案采取联合共保的方式，具有保障范围广、保险费率低、服务标准统一等特点。按照"同命同价"的原则，在全国范围内实行当地投保、当地和异地均可赔付的制度，所使用的《中等职业学校学生实习责任保险》条款已在中国保险监督管理委员会备案。本方案填补了职业学校学生实习工作方面相关法律法规的空白，较好地保障了中等职业学校及实习学生的权益，符合三部委通知的规定。

二、风险管理机制

（一）救助基金

中等职业学校学生实习责任保险制度运行采取"保险＋基金"的模式。由英硕保险经纪公司建立"中等职业学校风险管理基金"，并委托"中国儿童少年基金会"进行管理，在全国范围内进行调剂使用，专款专用于中等职业学校学生实习风险管理工作。

（二）风险管理课程开发

为了帮助中等职业学校了解风险管理和安全应急知识，提高中等职业学校的风险管理能力，我司将组织相关专家针对招生就业规模较大的专业类别，编写具有行业工作特点的案例培训教程，对各职业学校的负责人及教师进行培训，以预防职业学校在实习教学各个环节事故的发生，维护实习学生的切身利益。

三、组织实施

各地职业教育管理部门是推进中等职业学校学生实习责任保险工作的牵头部门。各地职业教育管理部门要把建立和完善中等职业学校学生实习风险管理机制与推行"工学结合、校企合作、顶岗实习"的人才培养模式，与深化以就业为导向的职业教育教学改革，与促进中等职业教育的科学发展紧密结合起来，形成整体推进态势，真正做到中等职业学校参加实习实训的学生人人参保、应保尽保；要认真做好宣传、检查、培训、引导等相关工作，协调好学校、经纪公司和保险机构的关系，提高工作效率，为尽快建立起全国统一的中等职业学校风险管理制度创造条件；要积极协调各方面力量，逐步建立"中等职业学校学生实习风险管理委员会"，更好地服务于各职业学校的风险管理工作，提高中等职业学校风险管理水平和抗风险能力。

各地接到本《通知》后，要尽快组织协调相关部门和职业学校制定具体实施方案，与相关保险经纪机构和保险机构加强沟通协调，落实好承保及后续服务等工作，争取在2010年春季开学前使此项工作得以有效落实。

本保险方案将试行两年，并根据试行情况进行相应调整。试行期间，请英硕（北京）保险经纪有限公司作为中等职业学校学生实习风险管理和保险咨询的顾问。在执行过程中有任何问题，请及时与我司联系。

附件：中等职业学校学生实习责任保险方案

教育部职业教育与成人教育司
2010 年 1 月 15 日

5. 建立中职生维权法律援助中心

随着国家对中职生权益维护工作的日益重视和中职生自我维权意识的逐步增强，部分中等职业学校已经把中职生实习期间的合法权益保障问题纳入学校重要的议事日程，纷纷组织成立了中等职业学校合法权益保障与服务中心等专门机构，这为维护中职生的合法权益起到了重要作用。浙江大学成立的学生会权益服务中心是全国最早成立的维护学生权益的学生组织。中、高等职业院校应该以此为榜样，成立不同层次的学生权益服务中心，使学生不管在何时、何地，因何种原因，其合法权益受到损害时，都能很快找到维护中心，有效维护他们的合法权益。

6. 增强学生实习期间的权益保护意识

要学习了解《劳动法》、《劳动合同法》、《工伤保险条例》、《劳动保护条例》等相关法律法规。发现实习单位损害自身利益时，用法律武器保护自身权益。同时，要注意收集有关证据，以防发生纠纷没有证据支持自己权利主张。要加强和学校的联系，通过学校与实习单位来帮助解决问题。在实习时，尽可能地参加学校统一安排的实习单位，个人自行选择实习单位一定要慎重。

7. 学校要加强学生在实习期间的管理

要制定实习相关管理制度，明确管理责任，选配责任心强的实习指导老师。要严格对实习学生进行管理，督促学生遵守劳动纪律、职业道德、安全操作规范，对表现不好、有违纪违法的学生要采取必要措施予以教育批评，严重的要提前终止实习，切实把实习安全放在首位。

第三节　实习纠纷案例及分析

【案例一】

18岁的廖尚军是某职校2001级学生。经学校推荐，他于2003年9月到某汽车运输公司第四分公司参加汽车维修实习。2003年12月26日下午3时左右，汽运四分公司职工何林驾驶公司客车倒车时，将廖尚军撞倒致伤。

事发后，该地劳动能力鉴定委员会确认廖的伤残等级为7级。廖以工伤待遇争议为由向当地劳动争议仲裁委员会提请劳动仲裁。仲裁委员会以双方未形成劳动关系不属劳动争议为由决定终止审理。廖不服，向当地某区人民法院起诉。法院审理认为，廖与汽运四分公司并无劳动关系，因而双方的权利义务不受劳动法调整，作为仍是某学校学生的廖不能享受工伤待遇，但根据其受伤时仍有效的《企业职工工伤保险试行办法》规定，到参加了工伤保险的企业实习的职业学校学生发生伤亡事故，可以参照该办法的有关待遇标准，由当地工伤保险经办机构发给一次性待遇，而非工伤待遇。法院还认为，由于实习单位未给实习生提供安全的实习场地，未尽到安全警示及防范义务，因此由其上级法人单位承担民事赔偿责任。

评析：由于在校实习生与实习单位之间没有劳动关系，不受到劳动法保护，而在实习过程中又很可能遇到种种权益受到侵犯的情况，在选择实习单位以及实习过程中应当注意如下几个问题：

（1）慎重选择实习单位。

现在在校学生实习的需求很大，因此实习市场也形成了供大于求的局面，找一个满意的实习单位也不是件容易的事。在这种现状下，许多迫切希望实习的学生就会在焦急的情况下选择一些自己根本不了解情况的单位去实习。这些单位的资格和信誉都很难有保证，一旦学生在实习出中出现什么问题，很难给学生的权益提供可靠的保障。在选择实习单位时，应事先确认单位身份，如是否具有法人资格，是否有工商、税务颁发的营业执照，是否有固定的营业场所等。如果是某大公司的下属机构，一定要到该公司总部核实清楚。

（2）尽量与实习单位签订书面的实习协议。

在协议中明确双方的权利义务，一旦在实习中发生实习单位违约的情况，实习生可以以该协议为依据提起民事诉讼，要求实习单位承担违约责任。

（3）理性地选择适当的工作岗位。

学生实习的目的是为了学以致用、增加自己的实践经验、增强就业竞争力，因此，在选择实习岗位时不要忘记这个初衷，不要因为实习岗位难找就接受一些没有实践意义的岗位，特别是一些有一定劳动危险的岗位，万一发生工伤事故，在实习生的工伤事故保护上缺乏明确统一的规定，实习生的权益难以受到切实的保护。

（4）实习单位无权在实习期间扣押实习生的证件，对于实习单位扣押证件的要求，实习生可以拒绝。

（5）在校生在实习的时候要注意保留自己曾在某单位实习的证据，包括时间、地点、实习内容的证据，以防在发生纠纷时没有证据支持自己的权利主张。

（6）结合在校生学生身份的特点，在校生在选择实习单位和实习中都应多与自己的学校保持联系。

首先，可以通过学校有关部门联系实习单位，这样联系的实习单位的信誉就有保障得多。其次，在实习中遇到权益受损或者其他问题都应及时的向学校寻求帮助或者咨询，以利于问题尽早解决。

【案例二】

王某是某医药技校1998级的在册学生。2001年10月10日，该校在与某药业公司一下属药厂联系后，将王某等学生送至该厂进行毕业实习。王某进厂后，该厂即将其分派到实习岗位并安排了相应的指导师傅。同年12月10日，王某随新品研究所的工人师傅谢某进行试制浓缩六味地黄丸的搅拌和制丸。下午14时45分左右，第三次的拌料过程结束，关闭槽形混合机取出药料后，带班师傅谢某进入隔壁制丸间，留下王某一人清洁该混合机中的剩余底料。就在这时，意想不到的事发生了。在清洁混合机内部剩余底料的过程中王谋误启动了混合机，左手被卷入。王某随即被送往医院，医院检查发现王某左手损伤严重，需立即住院治疗。医院多次组织专家会诊，但终因王某的伤情严重，医生为其进行了左手食指、中指及第二掌骨的切除手术。2002年1月18日，王某出院。住院治疗期间，共发生医药费9706.97元，该款全部由药厂垫付。2002年5月27日，药厂与王某签订了毕业生就业协议书，约定录用王某，并负责办理录用王某的所需手续。合同还约定了试用期为12个月等。但此后，药厂未与王某再签订关于劳动就业的其他合同。让王某更没有想到的是，2003年3月11日，药厂又要求王某出具借9706.97元医药费的借条。王某认为自己是在实习过程中受伤的，应该认定为工伤，可药厂却迟迟不予解决。为此，他向当地行政审批服务中心提出了工伤认定的申请。2003年4月9日，当地行政审批服务中心对王某的工伤认定申请作出不予受理的决定，并告知王某，因学校与企业未签订实习协议及备案，不符合相关工伤赔偿的规定，可通过诉讼主张权利。2003年7月8日，经市公安局进行伤残程度鉴定，确认王某的损伤构成8级伤残。正值豆蔻年华的王某，望着自己基本丧失功能的左手，想想以后还要面临就业、婚姻重大关口，自己的人生旅途将充满艰辛和坎坷，而药厂却弃自己不管。王某心中愤愤不平，他决定要为自己讨个说法。2003年8月18日，王某来到市法院，一纸诉状将学校和药厂推上了被告席，请求法院判令两被告承担连带赔偿责任。

原告王某认为：因为被告药业公司下属药厂未尽管理义务，且未签订实习协议，以致自己无法获得应有的保障及赔偿；而药厂系被告药业公司下属不具备法人资格的分支机构，既未与被告医药技校签订实习协议，也未对自己进行实习安全教育，将自己安排在不适合学生实习的岗位上，又未采取相应的保护措施，并在实习中指导不力。因此，被告医药技校与药业公司应对自己所受的人身损害承担连带赔偿责任。据此，王某请求法院判令被告医药技校与被告药业公司连带赔偿自己医疗费、鉴定费、护理费、残疾者生活补助费、残疾赔偿金、因残疾需配制的补偿功能器具（美容手指）所需费用等各项经济损失 119478.97 元。

医药技校被自己的学生推上了被告席，觉得很冤。他们认为，学生的实习是学校依法进行的教学安排，学校仅介绍学生到实习单位，此后，由实习单位与学生形成管理与被管理的关系，学校与学生的实习活动没有直接关系。学校在安排原告实习的过程中并无不当，学校的行为与原告的损害后果无因果关系，即学校不存在过错，不应承担责任。在原告入学时及实习前期，学校已履行了基本的安全教育义务，原告在实习单位的危险范围非学校可预见，此危险属药厂的注意义务和作为完全民事行为能力的原告本人的义务。原告所学专业是药物制剂，而实习岗位由学校与药厂在电话里意向约定为市场营销，对于原告被具体安排到药厂消毒车间或制粒车间，学校无法预见，且原告擅自开动机器，也存在过错责任。学校与实习单位签订实习协议属于内部行政管理的范畴，未签订实习协议，与原告损害后果的发生不具有因果关系。学校与药厂间不存在共同故意，故原告的请求没有法律依据。因此，请求驳回原告对医药技校的诉讼请求。

被告药业公司也是一肚子的委屈，认为本案的过错在于原告，药业公司不存在过错。原告作为一名具备完全民事行为能力的成年学生，在无人在场的情况下私自开机导致事故发生，责任应由原告承担。原告所实习工种并非危险岗位，工厂也进行了相应的安全教育。此外，药厂虽系药业公司的分支机构，但一直独立核算。

评析：法院经开庭审理后认为，学校对于学生的校外实习活动，应当与学生实习的企业签订实习协议；作为企业，也应当与实习学生所在的学校签订实习协议，即应在协议中明确实习期限、企业和学校的管理职责、劳动保护的规定以及伤亡事故的处理办法等事项，从而明确学校与企业间的权利义务。实习企业应配合学校做好实习学生的工作，建立健全工作责任制，加强对学生上岗前安全防护知识、岗位操作规程的教育，学校则应对参加实习的学生制定详细的实习计划，委派专人管理学生的实习等。本案中，药厂对作为实习学生的原告在生产操作中缺乏必要的保护指导，以至于仅留原告一人在生产场所处理混合器中的残余底料，导致事故发生，在管理上存有过错。被告医药技校在安排校外实习时，不仅与实习单位未签订实习协议，也无相关老师对学生实习过程进行管理教育，同样存有过错，故应承担连带赔偿责任。原告在清洁混合器的过程中，在无人监督指导的情况下，自行启动混合器，以至造成损害后果的发生，对此，原告自身也有一定的过错，可适当减轻被告的民事责任。由于药厂系被告药业公司下属不具备法人资格的分支机构，因此，药厂所承担的赔偿责任，应由被告医药公司承担。在原告诉求赔偿的损失范围中，医疗费虽然已由药厂垫付，但因药厂后又要求原告出具了等额欠条，故仍应予以给付；原告构成伤残 8 级，应当赔偿残疾者生活补助费、残疾赔偿金和因残疾需要配置补偿功能的美容手指的费用。另外，鉴定费、护理费、交通费及住宿费，未超出法定范围的，亦应予以赔偿。2004 年 7 月 20 日，法院依照法律的有关规定，做出一审判决：被告药业公司赔偿原告医疗费、残疾者生活补助费和残疾赔偿金、因残疾 50 年内所需配制的美容手指等费用共计 103934.67 元；被告医药技校对药业公司的义务承担连带责任。一审判决后，药业公司不服，向市中级人民院提出上诉。在二审阶段，经法院调解，王某、药业公司及医药技校三方达成调解协议：王某医疗费、残疾者生活补助费、残疾赔偿金、因残疾 50 年内所需配置的美容手指等费用，药业公司赔偿 70000 元；医药技校赔偿 33934.67 元。

第七章　实习的升华——自主创业

第一节　中职生创业情况

一、中职生创业的优势和存在的困难

1. 中职生创业的优势

近年来，随着我国市场经济的不断发展，因社会的需要也形成了越来越多的职业学校和培养出越来越多的职校毕业生。中职毕业生在就业上虽然形势大好，但他们在自主创业方面，究竟有哪些方面的优势呢？

中职学生创业优势大体有以下几种：

（1）职业学校给学生良好的全面教育。

职业学校不但给学生们开设了许多基础文化课，更注重学生专业技能的培养。因此，中职生往往有比较全面的综合素质。

（2）企业对职业学校毕业生有较好的印象，看重这一群既有理论基础知识又有实际动手能力的技能型人才。

（3）中职生年纪轻，精力旺盛；能吃苦耐劳；自主学习知识的能力强；接受新鲜事物快；思维普遍活跃；自信心较足，对认准的事情有激情去做。这是中职生自主创业的有利条件。

（4）良好的创业环境。

中职生自主创业的机动性强，可以边干边学，边学边干，逐步学习，逐步提高，逐步完善。此外，虽然中职生目前还不能完全享受跟大学生一样的有关自主创业的优惠政策，但随着国家对中职教育的日益重视，对中职生自主创业的相关优惠政策正在逐渐出台。现在一些地方已经在减免税、提供相应数额贷款等方面为中职生创业打开了方便之门。

（5）中职生毕业后拿到的职业技能培训证书和取得的职业资格证书也是中职生自主创业的有利条件。

（6）中职毕业生没有成家，暂无家庭负担，其创业很可能获得家庭或家族的支持。

这些都为中职生自主创业提供了方便条件。

此外，我国是发展中国家，从行业分析来讲，除高科技产品外，大多数效益好的项目围绕日常所需和相关产业的发展，这些行业正是职校毕业生自主创业和生存发展的有利领域。目前非常适合中职生自主创业的行业有：

（1）装饰装修业。

随着人民生活水平的提高和文化的普及，人们对自己生活的那一方天地不再是"对付"的心态，而是去精心设计、布置，这就需要有各种各样材质的装饰材料的产生和供应。虽然感观上这个市场已有太多人涉足，但相比需要这种消费的群体来看，在未来较长时间内，该行业仍然有很好的前景。

（2）餐饮服务业。

餐饮服务市场潜力巨大，前景非常广阔，只要生存，就一定要吃饭。而现代人对于吃已不再限于填口腹之饥，而是从健康、文化的高度去品味饮食。

（3）娱乐休闲业。

这是一个特殊的行业，也是拥有少数消费群体的行业，但该行业却大有赚头。随着现代人社会交际的日益广泛，文娱活动不断增加，这个行业的发展前景也是毋庸置疑的。

（4）专业技术含量高的行业。

如养殖业、维修服务业、家政服务业、美容保健等，这些都是职业技术学校的学子们可以一试身手的行业。

就业市场化是社会经济发展的必然结果，面向市场劳动是就业的主渠道。"就业凭竞争，上岗靠技能"，这是市场经济条件下实现就业的客观规律。

2. 中职生创业的困难

中职生由于受到自身因素、家庭因素、社会因素的多重影响，在创业过程中存在一些困难，主要表现在以下几个方面：

（1）信心缺乏。

目前，社会上存在着一种偏见，认为中职生没有考上大学，是他们无能的表现，似乎就是天生的失败者，部分中职生自己也认为上中职学校是迫不得已的选择。在潜意识中中职生往往会对自己未能考上大学而产生自责，会变得自卑、敏感、心理压抑，大部分同学自认为专业知识、专业技能及综合素质比不上高职生、大学生。面对新的环境、新的形势，即使想创业却又不知从何入手，不知怎样与员工及同事更好地沟通与交流，故在创业上放不开手脚，缺乏年轻人应有的朝气和锐气，极大地影响了自己对创业的信心。

（2）经验缺乏。

中职生在校学习往往侧重于专业技能的学习和培训，但对如何创业以及与企业相关的知识却知之甚少。在企业开办经营过程中，必然要与银行和工商、税务等政府部门打交道，一些政策性很强的法律法规必须严格执行，如果事前不是很了解，不熟悉相关规定，往往会产生举步维艰之感，有的甚至影响了创业的进程。

（3）资金缺乏。

创业意味着更大的风险和挑战。相对来说，中职生大多来自农村，家庭经济条件一般，由于实力所限，通常不会有较为富余的钱用来投资，更不可能在资金投入上一掷千金。即使能筹集一部分，但对于创业来说，无疑是杯水车薪。因此，他们十分强调钱的使用是否到位，十分强调投入产出比是否合理，一段时间后是否赢利。目前，小企业贷款难的现状尚未有较大程度的改观，创业资金的筹集对于创业的成败举足轻重，解决资金难题显得尤为重要。

二、中职生创业三大要素

1．寻找创业机会

发掘机会、评估机会以及掌握机会，是创业中非常关键的议题。故创业者首先应掌握寻找创业机会的四个环节：

（1）发掘可供创业的新点子。

创业机会对每一个人来说都是均等的，但又不是每一个人所能发掘的。如无数人看到苹果落地，却只有牛顿能产生地心引力的联想。这主要是牛顿在平日里就培养出感受环境变化的敏锐观察力，因而才能够先知先觉，形成创意构想。由此可知，创业者要寻找创业机会，就必须善于发掘创业点子。在现实中，创业点子的来源主要有三个方面：

①针对现有的产品与服务，重新设计改良。通常改进现有商业模式比创造一个全新的商业模式要容易，关键是要善于发掘潜在的顾客需求。

②追随新趋势潮流。如电子商务与互联网、家庭个人电脑产业的出现，给相关产品与服务带来了大量的创业机会，就看你能否敏锐地发现商机。

③通过系统的研究，发现创业机会。如通过分析产业与市场结构系统，在国有企业民营化与公共部门产业开放市场自由竞争的趋势中，我们可以从交通、电信、能源产业里发掘极多的创业机会。

（2）正确判断创新时机。

"时机"代表"机会"的价值与发生的"时间"密切相关。因为时间的机会窗口并不是永远打开的，且具有不确定性。常常有的创新机会窗口打开的时间很长，有的则非常短。当时机尚未来临，再好的创新构想也很难引发投资者的兴趣；若机会窗口已打开，但打开的时间短暂，则纵然投入在机会窗口打开之际，又有可能还未回收投入资本，市场的利润空间就已经没有了。这就是说，及时把握创新时机窗口打开的时候，至关重要。故此，创业者必须掌握正确判断影响创新时机的三个因素：

①判断创新机会窗口是否拥有足够获利回收的时间长度。

②判断创业者与投资者自身的价值观，即怎样看待创新机会的问题。

③判断是否具备配套的资源与专业能力。

（3）认真评估创业机会的市场和效益因素。

所有的创业行为都来自于绝佳的创业机会，以致创业者均对创业前景寄予极高的期望，满怀信心。不过我们也知道，几乎九成以上的创业梦想最后都落空。如在台湾的信息产业中，新创企业获得高度成功的概率大约不到1%。这是因为，创业本身是一种高风险行为。在其成功与失败之间，除了不可控制的机遇因素之外，还有许多创业机会在开始的时候，就已经注定未来可能失败的命运。虽然失败也可能是奠定了下一次创业成功的基础，但是，如果创业者能先以比较客观的方式对创业机会进行评估，那么许多悲剧结局就不至于一再发生，创业成功的概率也可以因此而大幅度提升。故创业者还应掌握评估创业机会的市场和效益因素准则，它是目前评估创业机会的一种比较客观的方式。

①创业机会的市场因素评估准则：具有特定的市场定位；柔性的市场结构；适宜的市场规模；强大的市场渗透力；具有一定的市场占有率，一般应为20%以上；合理的产品

成本结构。

②创业机会的效益因素评估准则：合理的税后净利，应在15％以上；达到损益平衡所需的时间，以两年内为佳；有25％以上的投资回报率；毛利率不低于25％，理想的毛利率是40％；有投资者退出机制与策略。

（4）慎重选择创业决定。

当创业机会窗口打开时，是否做出创业决定，则还要看创业时机是否成熟。通常用对如下问题的肯定来作为检测创业时机已经成熟的参考。

①你是否具有一个振奋人心的愿景？即创业者志愿承担风险、乘风破浪驶向事业的目标愿景。

②你是否具有强烈的创业雄心？

③你是否勇于承诺，愿意承担风险、吃苦耐劳？

④你是否看到一个具有潜力的市场机会？

⑤你是否能提出一个明确可行且能够结合市场机会的创业构想？

⑥你是否能制定出一个能够创造利润的创新经营模式？

⑦你是否拥有足以判断产业相关技术与产品发展的专业能力？

⑧你是否拥有足以经营管理一个新生企业发展的经验与能力？

⑨你是否拥有足以带领团队前进的领导与沟通能力？

⑩你是否拥有能够协助企业取得各项必要资源网络关系的能力？

2. 筹组创业团队

创业非个人表现行为，如果一项创业仅由创业者个人以及他的亲属组成，则企业的价值与成就可能相当有限。不可否认，有人创业不喜欢找伙伴，这种独自创业的方式当然也有成功的机会，只不过在知识型创业的个案中，独自创业成功的比例已越来越低。许多调查显示，团队创业成功的概率要远远高于个人独自创业。如针对美国波士顿地区128号公路周边科技创业公司的调查中发现，成功的创业公司中有70％都是属于团队创业的类型。因此，创业者应从如下几方面着手，努力培养自己组成团队与管理团队的能力，建立良好的人际关系。

（1）明确组成团队的10项基本要求。

①形成凝聚力与一体感；②团队利益第一；③坚守基本经营原则；④对企业的长期承诺；⑤成员愿意牺牲短期利益来换取长期的成功果实；⑥全心致力于创造新企业的价值；⑦合理的股权分配；⑧公平弹性的利益分配机制；⑨经营成果的合理分享；⑩专业能力的完美搭配。

（2）教育团队成员形成良好的职业道德。

主要是：①遵纪守法，廉洁奉公；②积极进取，勇于竞争；③团结协作，互助互爱；④艰苦奋斗，厉行节约；⑤忠于职守，热爱本职；⑥热忱服务，文明经营；⑦讲究质量，注重信誉；⑧钻研业务，提高技能；⑨诚实守信，顾客至上；⑩与时俱进，开拓创新。

（3）掌握团队的评估要素：

①与个人目标的契合程度；②机会成本；③失败的底线；④个人偏好；⑤风险承受度；⑥负荷承受度；⑦诚信正直的人格；⑧事业坦诚；⑨产业经验与专业背景。

（4）尽力增强自己的创业能力，并以之影响团队。

这些创业能力主要是：①强烈的市场意识；②坚韧的毅力；③能面对现实；④掌握数字的能力；⑤知觉风险的能力；⑥学习曲线与创新的能力。

在团队中树立起必要的创业人格特征，建立良好的人际关系。它们是：理想（Dream）、果。断（Decision）、实干（Doers）、决心（Determination）、奉献（Dedication）、热爱（Devotion）、周详（Details）、使命（Destiny）、金钱观（Dollar）、分享（Distribute）。创业者只有具备这10个D人格，才能吸引他人的追随和赞助。

3．筹集创业资金

（1）筹集创业资金的影响因素。

创业投资本质上就是一种高风险投资行为，无论经过如何严谨的评估程序，都无法完全免除失败的风险。因此，许多有经验的投资家，都会将评估的最终焦点放在创业者与经营团队身上。他们认为，经营环境与市场变化是不可预知的，也是无法控制的。唯有经营者的事业心与意志力，才能克服这些困难与挑战，确保投资事业的成功。故创业者能否筹集到创业资金，往往受到如下两个因素的影响：

一是创业者与经营团队的创业能力和人格特征。除以上已谈到的创业能力和人格特征之外，特别需要强调的是，创业者与团队都必须诚实和务实，这是所有投资家都企盼的。正如一位风险投资家所说："我做项目投资主要在相人，人对了，创业一定成功。"即人才决定创业成败。

二是创业计划书。在知识与资金密集的高科技产业竞争时代，紧迫的时间与高昂的代价已很少让投资家有一再尝试错误的机会。而一份完整的具有吸引力的创业计划书，则可代表创业者对资金提供者的负责态度，让投资家放心。通常一份好的创业计划书，一定是从投资者需求出发，着重把投资者最关注的焦点问题写清楚。如写明市场规模有多大、消费者需求什么以及投资回报与投资风险等。并清楚回答三个关键问题，第一个问题是："我为何要创业？我的创业目标是什么？"第二个问题是："我要采取什么样的创业策略才能实现上述目标？如何显示这是一个好的创业策略？"第三个问题是："推动创业策略需要具备什么样的资源能力？我要如何获得这些资源能力？"

（2）筹集创业资金的数额。

创业需要资金，无钱寸步难行。但是，筹集创业资金并非越多越好。钱太多，创业反而不易成功。这是因为：

①花自己的钱与花别人的钱，感觉是不一样的。当花自己钱的时候，你会感到钱赚得不容易，却很容易像流水般地消逝；但你花别人的钱，就不容易有如此感觉，随意花钱的可能性就大，以致易使创业"只开花不结果"。

②钱多人胆大，尤其是当钱不是自己的血汗积累时，没本的生意更是胆大妄为。然而创业不是靠胆子，而是靠脑子。人的胆子大，脑子就相对迷晕，致使钱多更会增添创业风险。

③创业宜逐步渐进。尤其是初次创业者，最理想的创业模式是以差异化产品进军独特的目标市场，以较小的资本赚取高额的毛利。若选择进入较成熟的主流产品市场，就需要依赖大量的资金，采取规模经济竞争方式。但这种"花大钱做大事"的创业心态，除非你

是比尔·盖茨，否则将十分危险。就像小孩玩大车的风险，着实令人为投资股东担忧。

④资金太多比资金不足所造成的问题更严重。创业不是一种追逐金钱的游戏，创业的本质是以有限资源做出最大效益，运用创新与创意来创造企业的价值。如果创业资金不足，一则可促进创业者依靠其他方面来创造其竞争优势，包括发挥自己的创新与毅力，艰苦奋斗的精神，一切靠自己，以积极的态度来赢得顾客。二则可促使创业者意识到企业不可出现过量的存货，要不然薪水与账单就付不出来，从而想法以有限的资金发挥最大的作用，使资金周转效率达到极限；若创业资金太多，就易造成企业有过多的存货，减小资金周转速度，导致各种不必要的铺张浪费，最后出现破产的局面。

故此，筹集创业资金的数额应以按差异化产品进军独特目标市场所需的资金量为最佳。

（3）筹集创业资金的方式与途径。

①筹集创业资金的方式可分为一次性筹集创业全过程所需要的资金和随着企业发展需要，分多次逐步筹集资金两种。两种方式各有利弊，若在创业初期即已获得大量资金，新企业必然发展得快，各项决策就可以考虑得长远些，但创业者的股权就要被严重稀释，甚至面临经营主导权被取代的危机；若采取分多次逐步渐进的筹资方式，则创业者的股权比例就易获得保障，但又必须承受未来资金市场变动的风险，尤其是当新企业不能如期发展时，下一阶段的筹资困难度将会成倍增加。

②筹集创业资金的途径通常有四个，其优先顺序为：向银行贷款、向私人筹资（包括清点个人资产，吸纳合伙人，向亲戚、朋友、同学借款等）、向风险投资公司筹资、向有关企业筹资。

中职生自主创业案例

杨奇 2000 年 7 月毕业于陕西省电子工业学校，同年 9 月进入西安长岭冰箱股份有限公司工作，先后任职于各个技术岗位和管理岗位。其间，杨奇先后通过自学考试取得西安电子科技大学计算机专业专科文凭和西安交通大学计算机专业本科文凭。

2001 年 9 月，杨奇决定与同学一起创业，其父母均是农村小学教师，并不能给他提供任何资金上的支持，杨奇在西安市雁塔路租了一间小门面房，从 5000 元做起，从计算机软硬件的销售做起，终于积累下了属于自己的第一桶金。

2004 年 3 月，凭借丰富的社会经验和敏锐的经济眼光，杨奇准确地把握市场发展方向，成功转型于图文设计制作行业，广泛地与各个大型设计院、房地产开发公司、广告装饰公司、建筑公司以及各个大型企业进行合作，为其提供后台上全方位的立体服务，颇得好评。为了更好地服务于客户，他于 2006 年率先引进了价值 300 多万的数码短版印刷机，为西北第一台，可解决客户可变数据短版处理问题，在同行业中引起了巨大的轰动。杨奇一直坚持"服务态度、服务质量"为企业的生存之本，将客户作为共同发展的朋友，以为自己和朋友创造更大的价值为目标。公司有着很年轻，很有活力又非常团结的工作团队，不断发展，不断吸取，这几年吸纳了大量的大中专毕业生到杨奇的团队中来，为很多的有志年青人提供了可供持续发展的舞台。

第二节 创业基本知识

创业，顾名思义即创造一番事业。一般来说，创业包括两个方面的含义：一是指个人或团队去创办一个企业（如公司、工厂等）或其他经济实体；二是指个人在工作岗位上有所建树，如创造发明等，即岗位创业。如我国众多院士、专家即是岗位创业的典范。湖南师范大学刘绮院士结合工作岗位在鱼类研究方面取得了重大突破和贡献；中南大学校长黄伯云院士在飞机刹车片等方面取得了巨大突破，一举夺得国家科技发明一等奖等，这些都是岗位创业。

本书所指的创业，主要指个人或团队去创办一个企业或其他经济实体的行为，是一种不仅为创业者本人，同时也为他人创造就业机会的行为。一般不包括自由职业者，这些只是创业的积累过程。

创业是一个古老而永恒的旋律。综观古今中外，从我们的祖先击石取火到液化气进入百姓人家；从电灯的发明到日光灯、节能灯的广泛使用；从蒸汽机的发明到宇宙飞船遨游太空；从第一台计算机的诞生到信息产业革命，信息化浪潮席卷全球。每一次人类的进步，每一次社会的变革，无不闪耀着创业者的智慧和灵光，无不凝聚着开拓者的艰辛和汗水。比尔·盖茨、卡耐基、张瑞敏、丁磊、王志军、张剑等创业大军中的一代英豪，为社会创造了巨大的财富，是创业者的典范。创业是人类社会发展的发动机，推动着人类社会滚滚向前，使之丰富多彩、繁荣昌盛。

创业在众多西方国家是一种时尚和潮流。如美国哈佛大学的毕业生 70％以上都是自主创业。众所周知，随着我国高校的大规模扩招和就业结构性矛盾的影响，大中专以及高校就业形势日趋严峻，几乎是"三个萝卜一个坑"。在日益严峻的就业形势和巨大的就业压力下，许多学生和社会青年感到迷茫，感到困惑，一筹莫展。一些人在彷徨、在观望，等待"上帝"的恩赐，梦想好运的降临。

为什么我们总是习惯于在别人栽培的大树下乘凉，而不能像一些西方国家的青年那样亲手种植一棵大树让别人来乘凉呢？面对如此严峻的就业形势，面对如此激烈的求职竞争，面对到处充满诱惑的众多商机，为什么我们总是习惯于乞求别人，为什么我们不能勇敢地既为自己又为他人去创造一个机会？

一、创业基础理论——"六赢理念"与"杠杆理论"

六赢，即大众（顾客）、社会、代理、供方、公司、员工均受益。对于企业产品或服务来说，顾客就是上帝，如果不能让顾客受益，让大众受益，就会失去市场，失去生命的源泉。一个好的企业、好的产品或项目，要能让社会受益，就要符合社会的需要。如某类产品或项目虽然能给部分消费群体带来某些好处或实惠，但严重污染环境或违反社会公德、伦理等，将受到社会的谴责与抵制。像办养老院、开荒造林等符合社会需要的项目，将受到社会的欢迎与支持。如果某产品不能让供货商、代理商受益，则会严重制约和影响货源、销货渠道等，影响企业的生产和销售。创业的重要目的是让公司和员工受益，否则，就会失去创业的动力，失去企业生存和发展的基础。

杠杆理论：设想在杠杆上依次站了 10 个人。如果要利用杠杆去摘一个果子，最先摘到果子的一般来说是站在杠杆两端的人——站在最前面的第 1 个人与站在最后面的第 10 个人，因为他们最容易抢得先机。那么，杠杆理论给我们什么启迪呢？第 1 位代表勇于开拓创新者，往往能在市场经济中掘得第一桶金，第 10 位代表思想保守，稳重老练者，在市场经济中先按兵不动，等待时机，该出手时就出手，一旦机会来临，时机成熟，就果断出手，也能取得成功。而那些排在中间，瞻前顾后者则难以取得成功。

二、创业的最佳时期

心理学研究表明，人类创造力最活跃的时期为 25～29 岁。处于创造心理的觉醒期，对创造既充满渴望和憧憬，受传统的习惯势力束缚又较少，因而敢想敢做，不被权威、名人所吓倒。正所谓"初生牛犊不怕虎"，并且在这个年龄阶段又积累了一定的社会经验、社会关系和创业资金等。因此，一般而言，中专学生毕业 7～9 年，中职生毕业 3～5 年后去创业是较为理想的创业时期。当然，这并不是绝对的，每个人的经历、当时的社会环境、创业时机等具体情况不同，创业时间有可能提前或推迟。如世界首富比尔·盖茨 19 岁时即离开哈佛大学，休学后创立了举世闻名的微软公司，英特尔公司的几名创业者，创业时均已超过 30 岁。

三、创业必备的基本素质与能力

鲜花迷人的芳香固然令人陶醉，金灿灿的硕果固然令人喜爱，但都离不开优良的种子、肥沃的土壤、适宜的气候和辛勤的浇灌。创业所带来的巨大经济效益（如豪华别墅、汽车）和巨大社会效益（如各种荣誉接踵而至，创业者社会地位的显著提高，以及为社会所创造的精神财富等）的确令人憧憬，然而创业过程却充满了坎坷，创业之路崎岖不平。那么创业者需要什么样的素质与能力才能披荆斩棘，创造辉煌的事业呢？

1. 良好的心理素质

良好的心理素质是创业成功的关键。由于创业的曲折、艰辛和风险性，因此能经受各种困难和挫折的心理素质是十分重要的。要做到"胜不骄，败不馁"。跌倒了，再爬起来，要有屡败屡战的精神。

"不要为打翻的牛奶而哭泣。"这是美国著名教育家卡耐基的老师乔治对卡耐基的教诲。这句话激励着卡耐基在创业之路上奋力前行。"牛奶被打翻了，漏光了，怎么办？是看着被打翻的牛奶哭泣，还是去做点别的？请记住，牛奶被打翻已成现实，不可能重新装回瓶中，我们唯一能做的，就是找出教训，然后忘掉这些不愉快。"卡耐基时常用这句话来启迪他的部下，同时也用它来不断鞭策自己。

（1）充分的自信心。

信心是动力的源泉，是成功的基石。在创业过程中，每一次投资都要冒失败的风险，每一笔生意都可能会遇到麻烦，充满了大大小小的困难。这种市场经济大潮中的沉浮，对创业者是一个严峻的考验。一个没有充分自信心的人是难以取得创业成功的。

世界酒店大王希尔顿，用 200 美元创业起家，有人问他成功的秘诀，他说："信心。"

有志于创业的中职生，一定要注意自信的培养。自信来源于对自己真实的肯定，自信来源于成功的经验。卡耐基认为，发展自信心的方法就是做你所怕做的事，从而得到一个成功经验的记录。

（2）胆识与魄力。

创业要有远见和勇气。前怕狼后怕虎将一事无成。只有敢于与狂风恶浪搏斗，敢于潜入深海的人，才能觅得瑰丽的珍珠。

（3）坚忍不拔的意志，坚定不移的恒心。

"古之成大事者，不唯有超世之才，亦必有坚韧不拔之志。"作为一名创业者，不能遇到困难就打退堂鼓，遇到挫折就回头，否则，将功亏一篑，一事无成。北大方正公司总裁、著名企业家王远说："中职生创业要有坚强的意志和坚定的恒心。成功意味着长年累月的艰苦劳动。"要敢于正视困难和挫折，并善于总结经验教训。跌倒了，马上爬起来，继续前进。

（4）善于调控情绪，保持乐观心态。

日本有一位著名的企业家保持快乐心境的秘诀是：每天都要想三件使自己觉得快乐的事。面对挫折和困难，保持乐观的心态，泰然自若。学会调控情绪是创业成功的一个重要条件。

（5）强烈的创业欲、责任心和较强的风险意识。

（6）敢闯敢干、勇于吃苦耐劳、乐于艰苦奋斗的创业精神。

（7）强烈的团结合作意识。

俗话说："三个臭皮匠，顶个诸葛亮。"团结就是力量，合作就能双赢。当今社会日益精细化，那种靠单打独斗、只身闯天下的时代已一去不复返了。"一根筷子容易断，十根筷子断就难。一根竹竿容易弯，三缕麻纱扯不断。"

2. 良好的文化素质

一个人的文化素质主要体现在创办企业必备的相关知识和思维方式等方面。

（1）专业知识。

专业知识对于创业者来说是十分重要的。中职生利用专业知识创业，有利于形成自己企业的核心竞争力，有利于在竞争中处于主动地位。

不同经营范围的企业需要具备不同的专业知识，如计算机开发与销售企业必须具备计算机相关知识，医药企业必须具备一些医药专业知识等。专业知识的具备能使你少走弯路，工作起来"如鱼得水"。纵观近几年在高科技领域企业取得成功的创业者，无一不具有深厚的专业知识。

（2）管理知识。

管理出效益，管理是企业生产与发展的重要动力。

历史教训告诉我们：国内外众多企业特别是我国的一些国有企业，由于管理不善而负债累累甚至破产。因此，作为一名创业者，掌握一定的企业管理知识是十分必要的。管理知识主要包括：企业行政管理知识、经营管理知识等。

创业过程中用人非常重要。历史上楚汉相争中完全处于劣势的刘邦能够打败强大的项羽，其中一个重要原因就是刘邦任用了三个能干的人：张良、韩信与萧何。

（3）财务知识。

涉及资金筹集，以及流动资产、固定资产、无形资产、递延资产的管理，对外投资成本的核算，对营业收入、利润的分配以及财务评价等方面的知识。

创办企业要懂得一些基本的财会知识，例如如何准确计算企业盈亏？如何筹集资本金，提高资金使用效率？如何降低产品成本，增加企业利润？如何实现财务监督？如何建立健全企业内部财务管理？如何计算和缴纳税款？如何合理分配收入和使用自有资金？

在创业之初，赚钱较难，应尽量减少现金的流出，做到精打细算。如一些成功者在创业之初非常节俭，租用较为便宜的房子，出门坐公车，出差补助少，使用磁卡电话等。

有些企业在创业之初，为壮大声势，讲究排场与虚荣，聘请大量员工，租用豪华办公室，仅员工工资、房租水电等开支就不小，结果背上沉重负担，企业业务尚未打开局面就负债累累，步履蹒跚。

（4）税务知识。

创办企业需要了解一些基本的税务知识：

①对流转额的征税：即根据商品或劳务买卖的流转额所征收的税，包括增值税、消费税、营业税和关税4种。

②对收益额的征税：以纳税人的纯收益为征税对象的税收，包括企业所得税、个人所得税、对高新投资企业和外国企业的所得税、农（牧）业税4种。

③对行为的征税：即对某些特定行为的征税，包括固定资产投资方向调节税、印花税、城市维护建设税3种。

④对财产的征税：即对拥有应纳税财产的人征收的税，包括房产税、契税、车船使用税、土地增值税4种。

⑤对资源的征税：即对开发、使用我国资源的单位和个人，就各地的资源结构和开发、销售条件差别所形成的级差收入征收的税，包括资源税、耕地占用税、城镇土地使用税3种

一般来说，应用较多的有：增值税、营业税、企业所得税、个人所得税、教育附加税、城市建设税等。

（5）法律知识。

对于企业法、合同法、经济法、涉外经济合同法、反不正当竞争法等都要有一定程度的了解。特别是我国加入WTO后，对外贸易日益增多，对这方面的一些法律法规都要熟悉．否则在对外贸易中就会吃亏。要善于运用国际法、世贸规则为我所用。

（6）商业知识。

如何利用资本市场通过股票、债券来融资，对租赁融资、银行贷款、补偿贸易、来料加工等知识都要有一定程度的了解。

3．良好的身体素质

要取得创业的成功，就要经过长年累月的艰苦奋斗，这也就需要有强健的体魄来承受创业过程中所遇到的巨大压力与精神负荷。俗话说：身体是"革命"的本钱。"出师未捷身先死，常使英雄泪满襟。"这是先辈留下的一大遗憾与教训，也是对后人，特别是对广大创业者的警示。

4. 良好的领导与管理才能

美国钢铁大王安德鲁·卡耐基去世后，人们在这位杰出企业家的墓碑上雕刻了几行字："这里安葬着一个人，他最擅长的能力是把那些强过自己的人，组织到他服务的管理机构之中。"卡耐基对钢铁知之甚少，但他有一个强有力的智囊团，有一大批追随、拥护他的人。他爱才惜才，知人善用。在他的公司里，智者为之竭其虑，能者为之尽其才，贤者为之尽其忠，愚不屑者亦为之陈其力。卡耐基十分信赖他一手组织起来的智囊团的"集体智慧"，所以常常能在关键时刻做出大胆而正确的决策。

日本在第二次世界大战后能迅速崛起为世界经济强国，与其良好的企业管理是密不可分的，特别是其人性化的管理（情感式管理），如对员工无微不至的关怀（一些日本企业老板在每个员工的生日都要赠送一份礼品，表达慰问关怀之意等），使每个员工都有强烈的主人翁意识和责任感，对企业有较高的忠诚度。日本企业一般不随便炒员工的"鱿鱼"。很多员工在企业里一干就是一辈子。这种人性化的管理和激励机制使员工爆发出巨大的工作热情和创造力，成为促使企业蓬勃发展的巨大动力。

反观我国有些企业领导独断专行，我行我素，不尊重员工，不关心员工，动不动就炒员工"鱿鱼"，使员工缺乏安全感和工作热情，这在一定程度上影响了人才的引进，制约了企业的发展。

一个创业者的领导管理能力主要体现在以下几个方面：建立严格的人事管理制度和激励机制；知人善任；拥有现代化的生产管理能力；使每个员工都能各尽所能，各尽其才，充分发挥自己的光和热，真正成为企业的主人，而不是企业的奴隶。

如何用人，如何调动员工的积极性、创造性，直接影响到企业的向心力、凝聚力、创造力，直接关系到企业的兴衰。

5. 较强的公关活动能力和处理社会关系的能力

一个企业是社会的一个细胞，与社会的方方面面都有千丝万缕的联系，企业的发展离不开社会各界的支持与帮助。如企业需要与工商、税务、银行、公安等部门打交道，其发展必须得到这些部门的支持，这就需要企业管理者有较强的公关活动能力和处理社会关系的能力。

6. 科学的经营头脑和敏锐捕捉商机的能力

如敏锐的商业意识和良好的经济意识，包括对经济运行趋势的分析判断能力、对商机的捕捉能力、对经济利益的权衡能力、对经济活动中投入与产出的核算能力等。

7. 较强的观察力与敏锐的捕捉信息能力

当今社会，信息就是财富，谁掌握了信息，谁就掌握了市场的主动权。创业者首先要了解国家政策，经常关注政府行为，根据政府有关产业政策、发展战略来确定投资方向。如发展西部战略、农业产业化战略、发展高新技术、发展环保产业、教育产业、中部崛起战略、兴办民办学校、保护与促进非公有制企业发展等政策的实施，必将给创业者带来众多的机遇。

8. 开拓创新能力

创新是企业的灵魂。只有不断创新，企业才拥有强大的生命力。在当今科学技术日新月异、突飞猛进的时代，更是如此。综观中外知名企业，特别是那些高新技术企业，无一不是在创新中求生存，在创新中求发展。如微软公司、英特尔公司、海尔集团等，每隔一个时期都要推出一些新产品。产品的新陈代谢是不可抗拒的市场规律。

9．其他素质

（1）具有创新思维。

作为一名创业者，要勇于打破自己的思维定式，思路开阔，勇于创新，大胆探索。

（2）鲜明的个性。

市场经济是一种个性化的经济。谁能设计和生产出适应市场需求的具有个性的产品，谁就能获得高额利润。没有个性，就没有创造性。没有个性的创业者，很难创造出有前景的事业。最重要的个性品质包括：独立性、求异性、进攻性、好胜性和坚韧性等。

①独立性。创业者必须培养强大的独立性，有较强的独立思考能力、独立行为能力、独立决策能力等。要有主见，不能人云亦云，不盲目听从别人（包括权威人士）的意见和建议。一个没有主见和独立性的人是不能成就一番大事的。

②求异性。人一般都有喜新厌旧的心理。因此，创业者如何使自己的产品和服务具有新颖的特征，往往是创业成功的一个秘诀。产品和服务要创新，公司管理也要创新。在决策过程中，可运用"头脑风暴法"来激发员工尽量放开思路，想出新点子。

③进攻性。商场如战场。在战场上只有那些具有进攻性、勇往直前的人才能取胜。心理学根据人们内心脆弱性的不同反应，将人分为两类：鸵鸟型和豹子型。鸵鸟型的人，在面对危险时，第一反应就是逃避。就像鸵鸟一样，遇到危险时，会把头埋在沙子里或其他地方，以为只要看不见敌人，自身就安全了。豹子型的人，在面对危险时心中也很畏惧，但他们不选择逃避他们知道一味逃避，永远不能占据主动地位。进攻性的本质是勇敢和进取精神。

④好胜性。"不想当将军的士兵不是好士兵。"好胜性是创业者追求成功的力量源泉。

⑤坚韧性。俗话说："只要功夫下得深，铁杵都能磨成针。"要取得创业的成功，必须要有坚韧不拔的意志。

第三节　创业目标

一、确立创业目标的意义

目标是前进的动力和指南。确立了创业目标对创业者有如下意义：

（1）能激发你巨大的创业热情。

（2）能从内心深处激发出你强大的使命感、崇高感，从而获得强大的动力。

（3）能引导你发挥潜能。

（4）有助于你安排创业的轻重缓急。

（5）创业目标使你有能力把握现在，使你现在的许多工作自然围绕创业目标而展开。

（6）创业目标能使你未雨绸缪，有了创业目标，你就会比别人多一双"慧眼"，多一分心机，你就会拥有一颗有准备的头脑。

（7）创业目标能使你把重点从创业工作本身转移到创业成果上来，你将不是为创业而创业，而是为着一个目标而创业。你的工作将更富有效率。

二、良好的创业目标应具有的特点

良好的创业目标，首先要远大且切实可行。如果你无论怎样努力，都无法实现目标，说明你的目标定得太高，就要适当调低，但也不能太低。

其次，具体。创业目标只有定得具体，才容易实现，否则会成为"镜中花，水中月"。可将长远目标分解为切实可行的、在一定时限内能够完成的、明确的短期目标。

第三，量体裁衣。创业目标要适合于创业者的能力、经历、专业、个性、兴趣、相关条件等，适合于别人的，不一定适合你自己。

第四，要登高望远，不要鼠目寸光。就像打仗一样，不要太过计较一城一地的得失。在市场开拓领域，有时为了求得更大的发展，可暂时放弃一些市场。集中人力、物力、财力去攻有更大价值的市场。不要急功近利。

三、如何确立创业目标

1. 确立创业目标时要关注的因素

（1）政治因素。

政府对经济的宏观调控对企业影响很大，因此确定创业目标时要了解政府鼓励干什么，限制干什么，反对干什么，如博彩业在中国、越南等社会主义国家是限制的；医药行业经常面临调价问题；近年来，我国政府出台的一系列关于房地产方面的政策与措施，将在一定程度上影响房地产市场。

（2）经济因素。

宏观经济环境的影响。例如随着人民生活水平的提高，人们对健康的关注程度随之提高，保健意识增强，有利于医药行业的发展；如居民消费水平的增加，有利于娱乐业等精神产业的发展。

（3）技术因素。

如随着电子计算机技术的提高，互联网等一些与之相关的行业随之得到发展；随着计算机进入普通家庭，使用打印机、复印机的人数大大增加。

（4）社会因素。

社会因素包括企业经营环境中，人们的信仰、价值观、生活态度和生活方式、生活习惯等。如上海、江浙一带居民喜吃甜食，而不吃辣椒，因此，甜食会在那些地方受欢迎，而辣椒、辣制品则会受到限制。东北人喜喝酱汁型的"酒鬼酒"。酒鬼酒在东北有时可卖到 400～500 元一瓶，而湖南人则一般喜喝醇香型的五粮液，因此，五粮液在湖南十分走俏。

（5）生态因素。

随着我国工业化和市场经济的发展，生态破坏十分严重，许多地方出现了水污染、土壤污染、空气污染等，因此，有利于环保的产品、设备、服务需求大增，蕴含无限商机，如家庭装修用的环保漆、环保复合板、环保实木地板等越来越走俏，生态鱼、生态菜、生态农业越来越受人们欢迎。

2. 确立创业目标的方法

（1）社会需要什么，我就提供什么。

如中南大学校长黄伯云创制的飞机刹车片，填补了我国乃至世界的一项空白，引起社会轰动，荣获国家科技发明成果一等奖，在市场上也大受欢迎。目前，中国应用型的人才，十分缺乏，因而各种职业技术学校应运而生，十分走俏。

（2）从技术发展趋势和社会变化趋势出发确立创业目标。

新技术的发展会酝酿出许多新的消费需求。如计算机技术的发展引发了互联网的诞生，而互联网的发展带来信息产业的发展；随着汽车进入千家万户，汽车的维护、维修、洗涤等将拥有巨大商机。

（3）从自我优势出发确立创业目标。

结合专业特色，发挥个人所长去创业。如美术专业的毕业生可创办广告公司、工作室；音乐专业的毕业生可办琴行、音乐吧、歌厅、培训班；计算机专业的毕业生可办电脑公司；服饰表演专业的毕业生可创办模特公司；医药专业的毕业生可办诊所、医药公司、药店；师范类专业的毕业生可创办民办学校等。

（4）从自身兴趣出发确立创业目标。

四、实现创业目标的途径与策略

1. 首先进入预创业的行业，学习技术，积累经验、资本，然后再创业

想创办模具设计与制造方面的企业，可先到模具厂打工，学习设计、制造模具的技术及经营管理方法等；如想创办医药企业，可先到某医药公司打工，熟悉市场，掌握一定的客户，积累一定资金和社会关系，为今后自立门户打基础。

2. 利用专利技术入股，寻找投资人

利用专利技术，获得风险投资家的青睐和支持，将有助于你走向成功。丁磊创办网易，张朝阳创办搜狐，都获得了风险投资的支持。

3 看准市场，创办实体

如四川省有名的中专毕业生承包经营荒地，将成千上万亩荒山秃岭、不毛之地变成了"生金长银"的示范园林，带领五万多农民致富奔小康，取得了巨大的经济效益和社会效益。

4. 从小事起步，由小利做起

很多大老板都是从开小店、做小生意干起的。如遍布世界各地的麦当劳最初是美国加利福尼亚的一个专卖汉堡包的小餐馆。由于尝到了甜头，于是干脆专营汉堡包，成立了麦当劳公司。台湾工商界巨子、台塑公司董事长王永庆是从开小米店起家的，步步为营，点滴积累，生意越做越大而逐渐发展壮大成为台湾富豪。

从小事起步，从求小利做起不失为一条稳妥的途径。投入小、风险小，积小利成大利，聚沙成塔，滚动发展。

5. 借鸡生蛋，无中生有

巧妙利用别人的资金、专利、产品为我所用。中职生创业往往面临资金匮乏、经验缺

少等问题，特别是资金匮乏往往制约了创业，束缚了创业者的手脚。那么，如何"借他人之势，发天下大财"呢？俗话说得好："借力发力不费力。"蛮力是不行的，要借力发力，以小搏大，以弱胜强，以柔克刚，四两拨千斤。

"借"字天地广阔，大有文章可做。没有钱没关系，可以向亲朋好友借，向银行、向大老板借；没技术，没有人才，没有经验，可以借科研机构、大专院校的力量，借别人脑袋里的智慧，搞联盟、搞合作；名不见经传的企业和个人，没有名气，可以借"名人"之光扬你的美名；可以借"名牌商标"推销你的产品；还可以借地盘、借设备、借劳力……"借"字"借"活了一个又一个企业。

首先要有良好的信誉，要让别人相信你的人格；其次对双方都有利，要使对方感到有利可图，实现"双赢"；再次要想方设法让别人相信你的偿还能力。不怕你借不到，就怕你找不到借的理由、不懂借的方法，就怕你没有信誉，不会经营。

第四节　创业计划书

一、认识创业计划书

1. 什么是创业计划书

创业计划书是创业者就某一项具有市场前景的新产品或服务，向潜在投资者、风险投资公司、合作伙伴等游说以取得合作支持或风险投资的可行性商业报告，又叫商业计划书。创业计划书的编写一般是按照相对标准的文本格式进行的，全面介绍公司或项目的发展前景，是阐述产品、市场、竞争、风险及投资收益和融资要求的书面材料。它主要用于解决如下一些问题：

（1）想要干什么？（产品、服务）

（2）怎么干？（生产工艺及过程，或者服务如何提供及实现价值）

（3）面向的目标客户是谁？

（4）市场竞争状况及对手如何？（市场分析）

（5）经营团队怎样？

（6）股本结构如何安排？（有形资产、无形资产、股东背景）

（7）营销安排怎样？

（8）财务分析怎样？（利润点、风险、投资回收期）

（9）退出机制怎样？

这些问题不仅是投资人或合作伙伴所关心的，也是创业者本人应该非常清楚的，创业计划书的编写实际上就是对这些问题的回答。尽管不同行业的创业计划书内容和形式可能不同，但其本质都是对这些投资人所关心的问题进行分析与论证。

我们都知道，国家对任何一个重大项目的上马都要进行计划与论证，目的就是为了提高项目成功的可能性，尽最大可能将风险避免或减小到最低程度。同样的道理，创办一个企业对于创业者来说，不亚于一个重大项目对国家经济建设的影响，这就充分说明创业计划书对创业者的重要性。但是，在日常生活中，却经常有人在几乎没有任何商业管理经验的情况下，不制定详细的创业计划就开始创业。创业时的盲目行动对创业者而言，就如同没有经验的飞行员在冒险飞行一样，非常危险，其结果有可能是彻底的毁灭。而如果有了一份详尽的企业计划书，就好像有了一份业务发展的指示图一样，它会时刻提醒创业者应该注意什么问题，规避什么风险，并最大限度地帮助创业者获得来自外界的帮助。一份好的创业计划书也会成为衡量创业者未来业务发展的标准。

2. 为什么要编写创业计划书

创业计划书是整个创业过程的灵魂。在这份白纸黑字的策划书中，详细记载了有关创业的一切内容，包括创业的种类、资金规划、阶段目标、财务预估、营销策略、可能的风险及评估、内部管理规划等，在创业过程中，这些都是不可或缺的元素。

在某些时候，创业计划书除了能让创业者清楚自己的创业内容，坚定创业目标外，还可以兼具说服他人的功用。如创业者可以借创业计划书去说服他人合资入股，甚至可以募得一笔创业基金。

创业计划书就如一部功能超强的电脑，它可以帮助创业者记录许多有关创业的构想，帮助创业者规划成功的蓝图，而整个营运计划如果翔实清楚，对创业者或参与创业的伙伴而言，也就更容易达成共识，这无疑能帮助创业者向成功迈进。

3. 创业计划书的作用

"车到山前必有路。"正是受这句老话的影响，一些踌躇满志的创业者，在憧憬和冲动的驱使下踏上了创业之路。其实，创业一定要预先计划，否则，车到山前未必有路，却有车毁人亡的危险。

（1）帮助创业者理清思路，准确定位。

著名投资家克雷那说："如果你想踏踏实实地做一份工作的话，写一份创业计划，它能迫使你进行系统的思考。有些创意可能听起来很棒，但是当你把所有的细节和数据写下来的时候，它自己就崩溃了。"可能许多创业者在刚开始投入一项事业中去的时候凭借的仅仅是一腔热情，然而当真正着手去做一些事情的时候，才会发现需要考虑的地方何止一两处。有些创业者只是在自己的脑海里有一幅蓝图，但要做到未雨绸缪，就需要制定一份创业计划书，否则，会容易偏离自己原先预定的方向。

在创业融资之前，创业计划书首先是给创业者自己看的。办企业不是"过家家"，创业者应该以认真的态度对自己所有的资源、已知的市场情况和初步的竞争策略作尽可能详尽的分析，并提出一个初步的行动计划，通过创业计划书使自己心中有数。

另外，创业计划书还是创业资金准备和风险分析的必要手段。对初创的风险企业来说，创业计划书的作用尤为重要。一个酝酿中的项目往往很模糊，通过制定创业计划书，把正反理由都书写下来，然后再逐条推敲，创业者就能对这一项目有更加清晰的认识。可以这样说，创业计划书首先是把计划中要创立的企业推销给创业者自己。

（2）帮助创业者获得创业融资。

一位投资家曾说过："企业邀人投资或加盟，就像向离过婚的女士求婚一样，而不像和女孩子初恋。双方各有打算，仅靠空口许诺是无济于事的。"对于正在寻求资金的创业者来说，创业计划书的好坏往往决定了融资的成败。

除了使创业者更加了解自己要做的事情外，创业计划书更多的还是给别人看的，尤其是给那些能给创业者提供一定资金帮助的人。所以，创业计划书的另外一个重要作用就是帮助创业者把计划中的企业推销给风险投资家。因此，创业计划书还要说明创办企业的目的、创办企业所需的资金、为什么投资人值得为此注入资金等一些问题。

此外，对已经建立的创业企业来说，创业计划书还可以为企业的发展定下比较具体的方向和重点，从而使员工了解企业的经营目标，并激励他们为共同的目标而努力。更重要的是，它可以使企业的出资者以及供应商、销售商等了解企业的经营状况和经营目标，说服出资者（原有的或新来的）为企业的进一步发展提供资金。

二、如何编写创业计划书

1. 创业计划书的编写原则

（1）逻辑原则。

创业计划书的编写在逻辑上要遵循以下原则：

①可支持性原则，即给投资者一个充足的理由，说明投资的可行性。

②可操作性原则，即解释以什么来保证创业及投资成功。

③可赢利性原则，即告诉投资者带来预期回报的概率有多大，时间有多长。

④可持续性原则，即告诉投资者我们这一企业能生存多久。

（2）内容原则。

创业计划书的编写在内容上要遵循以下原则：

①结构完整。该说的话绝对不能少。经常见到缺乏财务预估、市场状况及竞争对手数据的创业计划书，这样的创业计划书自然会使投资方对方案评估的速度减慢以及投资可能性的减少。

②结构清楚。清晰的逻辑结构会给人一种思路清晰的感觉，看了这样的创业计划书，投资人可以最简洁地了解你的构思与想法，不仅节省了别人的时间，而且增加了成功的可能性。

③深入浅出。尽量将艰深难懂的想法、服务与程序以浅显的文字表现出来。这样的创业计划书是个绝佳的自我营销方式，尤其是当你的资金是来自银行或一群不具备专业知识的投资者时更需如此。

④顾客导向。简单地说，就是使顾客满意。最好连行文的语调、章节的编排、数据的呈现、重点的强调等，都能根据需要募资的对象进行适当调整。

（3）应该注意突出的问题。

①项目的独特优势；

②市场机会与切入点分析；

③问题及其对策；

④投入、产出与盈利预测；

⑤如何保持可持续发展的竞争战略。

⑥风险应变策略。

2. 创业计划书的主要内容

(1) 计划摘要。

创业计划书的第一部分一般是对整个企业计划的总体概述，它是创业计划书的精华。计划摘要涵盖了计划的要点，要求一目了然，以便读者能在最短的时间内评审计划并作出判断。

计划摘要一般包括以下内容：公司介绍、主要产品和业务范围、市场概貌、营销策略、销售计划、生产管理计划、管理者及其组织、财务计划、资金需求状况等。

在介绍企业时，首先，要说明创办新企业的思路、新思想的形成过程以及企业的目标和发展战略。其次，要交代企业现状、过去的背景和企业的经营范围。在这一部分中，要对企业以往的情况作客观的评述，不回避失误。中肯的分析往往更能赢得信任，从而使人容易认同企业的创业计划书。最后，还要介绍一下创业者自己的背景、经历、经验和特长等，创业者的素质对企业的成绩往往起着关键性的作用，能给投资者留下一个好印象。

在计划摘要中，企业还必须回答下列问题：

①企业所处的行业、企业经营的性质和范围。

②企业的主要产品。

③企业的市场在哪里？谁是企业的顾客，他们有哪些需求？

④企业的合伙人、投资人是谁？

⑤企业的竞争对手是谁？竞争对手对企业的发展有何影响？

摘要要尽量简明、生动，特别要详细说明自己创办企业的与众不同之处，以及企业取得成功的关键市场因素。

(2) 产品（服务）介绍。

在进行投资项目评估时，投资人最关心的问题之一就是创业企业的产品、技术或服务能否以及在多大程度上解决现实生活中的问题，或者创业企业的产品（服务）能否帮助顾客节约开支、增加收入。因此，产品介绍是创业计划书中必不可少的一项内容。

通常，产品介绍应包括以下内容：产品的概念、性能及特性，主要产品介绍，产品的市场竞争力，产品的研究和开发过程，发展新产品的计划和成本分析，产品的市场前景预测，产品的品牌和专利。在产品（服务）介绍部分，创业者要对产品（服务）作出详细的说明，说明要准确，通俗易懂，使不是专业人员的投资者也能明白。一般来说，产品介绍都要附上产品原型、照片或其他介绍。产品介绍必须要回答以下问题：

①顾客希望企业的产品能解决什么问题？顾客能从企业的产品中获得什么好处？

②企业的产品与竞争对手的产品相比有哪些优缺点？顾客为什么会选择本企业的产品？

③企业为自己的产品采取了何种保护措施？企业拥有哪些专利、许可证？与自己申请专利的厂家达成了哪些协议？

④为什么企业的产品定价可以使企业产生足够的利润？为什么用户会大批量地购买企业的产品？

⑤企业采用何种方式去改进产品的质量和性能？企业对发展新产品有哪些计划等。

产品（服务）介绍的内容比较具体，因而写起来相对容易。虽然赞美自己的产品是推销所必需的，但应该注意，企业所做的每一项承诺都是"一笔债"，都要努力去兑现。要牢记，企业家和投资家所建立的是一种长期合作的伙伴关系。空口许诺，只能得意于一时。如果企业不能兑现承诺，不能偿还债务，企业的信誉必然要受到极大的损害，因而是真正的企业家所不屑的。

（3）人员及组织结构。

有了产品之后，创业者第二步要做的就是结成一支有战斗力的管理队伍。企业管理的好坏，直接决定了企业经营风险的大小。而高素质的管理人员和良好的组织结构则是管理好企业的重要保证。因此，风险投资家会特别注重对管理队伍的评估。

企业的管理人员应该是互补型的，而且要具有团队精神。一个企业必须要具备负责产品设计与开发、市场营销、生产作业管理、企业理财等各方面的专门人才。在创业计划书中，必须要对主要管理人员加以阐明，介绍他们所具有的能力，他们在本企业中的职务和责任，他们过去的详细经历及背景。此外，在这部分创业计划书中，还应对公司结构做一简要介绍，包括公司的组织机构，各部门的功能与责任，各部门的负责人及主要成员，公司的报酬体系，公司的股东名单，包括认股权、比例和特权，公司的董事会成员，各位董事的背景资料等。

（4）市场预测。

当企业要开发一种新产品或向新的市场扩展时，首先就要进行市场预测。如果预测的结果并不乐观，或者预测的可信度让人怀疑，那么投资者就要承担更大的风险，这对多数风险投资家来说都是不可接受的。

首先，市场预测要对需求进行预测。市场是否存在对这种产品的需求？需求程度是否可以给企业带来所期望的利益？新的市场规模有多大？需求发展的未来趋向及其状态如何？影响需求的都有哪些因素？

其次，市场预测还要包括对市场竞争情况的预测。例如企业要对所面对的竞争格局进行分析，如市场中主要的竞争者有哪些？是否存在有利于本企业产品的市场空当？本企业预计的市场占有率是多少？本企业进入市场会引起竞争者怎样的反应？这些反应对企业会有什么影响？

在创业计划书中，市场预测应包括以下内容：市场现状综述、竞争厂商概览、目标顾客和目标市场、本企业产品的市场地位、市场细分和特征等。

严格来说，由于创业企业面临较大的风险，特别是对于高新技术企业来说，企业对市场的预测应建立在严密、科学的市场调查基础上。创业企业所面对的市场，本来就有变幻不定、难以捉摸的特点，因此，创业企业应尽量扩大收集信息的范围，重视对环境的预测和采用科学的预测手段和方法。创业企业家也应牢记：市场预测不是凭空想象出来的，对市场错误的认识是企业经营失败的最主要原因之一。

（5）营销策略。

企业产品做得好很重要，更重要的是产品还能拥有市场，这样才能创造利润，因此，营销是企业经营中最富挑战性的环节。影响营销策略的主要因素有：

①消费者的特点；

②产品的特性；

③企业自身的状况；

④市场环境方面的因素；

⑤营销成本和营销效益。

在创业计划书中，营销策略应包括以下内容：

①市场结构和营销渠道的选择；

②营销队伍和管理；

③促销计划和广告策略；

④价格决策。

对创业者来说，由于产品和企业的知名度低，很难进入其他企业已经稳定的销售渠道中去，因此，企业不得不暂时采取高成本低效益的营销战略，如上门推销、大打商品广告、向批发商和零售商让利、转给任何愿意经销的企业销售等。对发展企业来说，一方面可以利用原来的销售渠道，另一方面也可以开发新的销售渠道以适应企业的发展。

（6）生产制造计划或服务计划。

对于关心企业准备怎样来创造利润的投资者或其他人来说，除了想了解企业产品在技术上的优势和对未来市场的占有情况外，他们也关心创业者究竟打算怎样生产，也就是创业计划书中关于生产制造计划部分需要描述的内容。一般来说，创业计划书中的生产制造计划应包括产品制造和技术设备现状、新产品投产计划、技术提升和设备更新的要求、质量控制和质量改进计划等。

在寻求资金的过程中，为了增大企业在投资前的评估价值，创业者应尽量使生产制造计划更加详细、可靠。一般的，生产制造计划应回答以下问题：企业生产制造所需的厂房、设备情况；怎样保证新产品在进入规模生产时的稳定性和可靠性；设备的引进和安装情况，谁是供应商；生产线的设计与产品组装情况；供货者的前置期和资源的需求量；生产周期标准的制定以及生产作业计划的编制；物料需求计划及其保证措施；质量控制方法等。

（7）财务规划。

对于创业企业筹集到的资金，创业者打算怎么样来支配，这是投资者和其他合作方非常关心的一个问题，他们要了解创业者会有怎样的财务计划，他们希望弄清楚这笔钱会用在哪里，什么时候、以什么样的方式来收回投资。这样，投资者才敢把资金交给创业者去经营。

创业企业需要花费较多的精力来做财务规划，其中包括现金流量表、资产负债表以及损益表的制作。为了显示公司的财务健康状况和魅力，你必须把前面几个部分收集的数据整理成一个五年计划。这个计划包括三个部分：资金预算、项目的资产负债表和收入预测。

企业的现金流量是一个非常重要的信息，因为它展现了计划执行中的资本需求数量。对于资本的评价，可以从收入和利润的预测开始，然后建立相应的资产负债表。在这之前，你必须仔细考虑预期的人力资源和资本花费。流动资金是企业的生命线，因此企业在初创或扩张时，对流动资金需要有预先周详的计划和进行过程中的严格控制。现金流量计划是必须做的，它可以让你确信你的公司不会破产和面临资金危机，这个基本的规律是很明显的。在一定的时间阶段，当一个公司的收入远小于它的支出时，它将面临破产。所以你必须规划出所有可能支付的时间和金额，同时还应该准备一定的现金备用，以应付一些预料之外的支付问题。损益表反映的是企业的盈利状况，它是企业在一段时间运作后的经营结果，风险投资家需要知道他们在每年年底的至少预期收入。按照你所预测的标准收入线作出的五年收入预测，会提供给他们一个重要的信息。计算每一年的总收入和总支出以得到净利润和损失。资产负债表则反映在某一时刻的企业状况，投资者可以用资产负债表中的数据得到的比率来衡量企业的经营状况以及可能的投资回报率。

(8) 风险因素及其对策。

投资人还会重点关注投资的风险。因此创业者在创业计划书中应对这一问题进行细致的思考与分析，提出系统的风险应对计划。一般来说，创业计划书中的风险及其对策分析应包括以下内容：市场风险、技术风险、经营风险、财务风险、人力资源风险及其他不可预见的风险等，并针对所提出的各种风险逐项进行风险应对分析。

对创业企业而言，由于尚未进行市场检验，创业计划书只是创业者依据已有的经验与市场调研所作的创业构想，因而不管创业者对风险分析如何细致，也难以保证将来创业或投资成功。因此进行充分的风险分析更多的是在向合伙人或投资人传达这样一种信息：创业者已经做好了充分的风险准备并具有一定的风险应对能力。这样做的结果是提高了投资人对创业企业的投资信心，以提高融资成功的可能性。另一方面，风险分析也具有提醒创业者本人创业存在失败的可能，对此应有一定的心理准备。

以上介绍的是创业计划书的全部内容，根据公司及项目具体情况的不同，创业者可以在此基础上结合实际情况增添或删改。在编制计划书时，不能对每个部分都泛泛而谈，明白投资者所关心的重点是计划书能否取得投资者认可的关键。

一般来说，投资者最关心的问题主要有两点：一是创业者的商业创意、产品或服务是否具有唯一性；二是该公司的管理阶层能否胜任。因此创业者在编写计划书时一定要在这两方面着力分析。另外，获取利益是投资者的根本目的，及早收回资金是其投资的前提，所以对于未来收益的财务预测及设计，以及风险资金的退出之路也是计划书分析的重点。

三、如何制作出高质量的创业计划书

那些既不能给投资者以充足的信息，也不能使投资者激动的创业计划书，其最终结果只能是被扔进垃圾箱。为了确保创业计划书能真正发挥作用，创业者应该重点做好以下几方面的内容：

(1) 关注产品。

产品是创业的关键。无论是对创业者自己还是对于投资者来说，能否收回投资和盈利的关键就是产品能否有市场。因此，在创业计划书中，关于产品的介绍应该是重中之重。在创业计划书中，应提供所有与创业的产品或服务有关的细节，包括企业所实施的调查。这些问题包括产品正处于什么样的发展阶段，它的独特性怎样，企业分销产品的方法是什么，谁会使用企业的产品，为什么，产品的生产成本是多少，售价是多少，企业发展新产品的计划是什么等诸多问题，使出资者会和创业者一样对产品或服务产生兴趣。一般创业者对自己的产品及服务是熟悉的，其他人却不然。因此，创业计划书要用简明的词语描述

产品及服务，目的不仅是要让出资者相信企业的产品会有市场竞争力，而且还要让出资者感到："噢，这种产品是如此之好，市场前景是如此令人鼓舞！"

（2）敢于竞争。

敢想、敢干一直是我们宣扬的创业主题，它应该表现在创业的各个阶段，同样也应该在创业计划中体现出来，让你未来的合作者也感受到你这种创业的激情。在创业计划书中，创业者应细致分析竞争对手的情况。竞争对手是谁，他们的产品是怎样的，竞争对手的产品与本企业的产品相比有哪些相同点和不同点，竞争对手所采用的营销策略是什么。要明确每个竞争者的销售额、毛利润、收入以及市场份额，然后再讨论本企业相对于每个竞争者所具有的竞争优势，要向投资者展示，顾客偏爱本企业的原因是本企业的产品质量好、送货迅速、定位适中、价格合适等。创业计划书要使它的读者相信，本企业不仅是行业中的有力竞争者，而且将来还会是行业的领先者。在创业计划书中，创业者还应阐明竞争者给本企业带来的风险以及本企业所采取的对策。

（3）了解市场。

创业激情并不是冲动，应该是建立在对自己、对市场的了解之上的，因此，创业计划书要给投资者提供企业对目标市场的深入分析和理解。要细致分析经济、地理、职业以及心理等因素对消费者选择购买本企业产品这一行为的影响，以及各个因素所起的作用。创业计划书中应包括营销计划，即计划中应列出本企业打算开展广告、促销以及公共关系活动的地区，明确每一项活动的预算和收益。创业计划书中还应简述一下企业的销售战略：企业是使用外面的销售代表还是使用内部职员？企业是使用分销商还是特许商？企业将提供何种类型的销售培训？此外，创业计划书还应特别关注一下销售中的细节问题。

（4）表明行动的方针。

想和做应该一致，有了好的想法和计划以后，关键是要想办法将它们落到实处，否则所有的内容都将是一纸空文。企业的行动计划应该如何适应市场？如何设计生产线？如何组装产品？企业生产需要哪些原料？企业拥有哪些生产资源，还需要什么生产资源？生产和设备的成本是多少？企业是买设备还是租设备？解释与产品组装、储存以及发送有关的固定成本和变动成本的情况。

（5）展示你的管理队伍。

把一个构想转化为一个成功的创业企业，其关键的因素就是要有一支强有力的管理队伍。这支队伍的成员必须有较高的专业技术知识、管理才能和多年的工作经验。要给投资者这样一种感觉：我们将钱投给这伙人是能让人放心的。管理者的职能就是计划、组织、控制和指导公司实现目标。在创业计划书中，应首先描述一下整个管理队伍及其职责，然后再分别介绍每位管理人员的特殊才能、特点和造诣，详细介绍每个管理者将对公司所作的贡献。创业计划书中还应明确管理目标以及组织机构图

（6）出色的计划摘要。

商业计划书中的计划摘要也十分重要，它必须能让读者有兴趣并渴望得到更多的信息，给读者留下长久的印象。计划摘要是创业者所写的最后一部分内容，但却是出资者首先要看的内容，它将从计划中摘录出与筹集资金最相关的细节，包括对公司内部的基本情况、公司的能力以及局限性、公司的竞争对手、公司的营销和财务战略、公司的管理队伍

等情况简明而生动的概括。如果公司是一本书，它就像是这本书的封面，做得好就可以把投资者吸引住。它应该让投资者产生这样的印象："这个公司将会成为行业中的巨人，我已等不及要去读计划的其余部分了"。

第五节 创业公司的组建

一、公司注册前应该了解的相关法律知识、税务知识和财务知识

在公司注册之前，创业者必须了解一些基本的法律知识，这样才能更好地解决创业过程中涉及的一些法律问题。

设立企业，从事经营活动，必须到工商行政管理部门办理登记手续，领取营业执照，如果从事特定行业的经营活动，还须事先取得相关主管部门的批准文件。我国企业立法已经不再延续按企业所有制立法的旧模式，而是按企业组织形式分别立法。根据《中华人民共和国民法通则》、《中华人民共和国公司法》、《中华人民共和国合伙企业法》、《中华人民共和国个人独资企业法》等法律的规定，企业的组织形式可以是股份有限公司、有限责任公司、合伙企业、个人独资企业等，当然如果你的创业实力还不够，也可以注册个体工商户。在创业者注册的公司形式中以有限责任公司最为常见。

设立企业之前还需要了解《中华人民共和国企业法人登记管理条例》、《中华人民共和国公司登记管理条例》等工商管理法规、规章。设立特定行业的企业，则有必要了解与开发区、高科技园区、软件园区（基地）相关的法规、规章，这样有助于你选择创业地点，以享受税收及其他方面的优惠政策。

我国实行法定注册资本制，如果你不是以货币资金出资，而是以实物、知识产权等无形资产或股权、债权等出资，你还需要了解有关出资、资产评估等方面的法规规定。

企业设立后需要进行税务登记，需要会计人员处理财务，这其中涉及《中华人民共和国税收征收管理法》和财务制度。要了解企业需要缴纳哪些税，如营业税、增值税、企业所得税等，同时还要了解哪些支出可以算作成本，哪些支出只能算作费用，以及开办费、管理费怎么分摊等。如果需要聘用员工就会涉及《中华人民共和国劳动法》和社会保险问题，要了解劳动合同、试用期、服务期、商业秘密、工伤、养老金、住房公积金、医疗保险、失业保险等诸多规定。此外，还需要处理知识产权问题，既不能侵犯别人的知识产权，又要建立自己的知识产权保护体系，甚至需要了解著作权、商标、域名、商号、专利、技术秘密等各自的保护方法。在业务领域中还要了解《中华人民共和国经济合同法》、《中华人民共和国担保法》、《中华人民共和国票据法》等基本民商事法律以及行业管理的法律法规等。

以上只是简单列举了创业过程中常用的法律法规，在企业实际运作中还会遇到大量法律问题。当然你只需要对这些问题有一些基本的了解，专业问题可以去咨询律师。

二、公司注册前对组织形式的确定

选择什么样的经营形式，是每个创业者在公司注册之前首先面临的问题。在实际中，

能供中、小创业者选择的形式一般有以下几种：个体工商户、合伙企业、个人独资企业和有限责任公司。股份有限公司由于注册资金至少要达 1000 万元，因此不适合中、小创业者。到底其他几种公司形式哪种比较好呢？这就有必要了解一下公司形式的基本条件与利弊。

1. 个体工商户

个体工商户是指生产资料归劳动者个人所有，以劳动者个人的劳动为基础，劳动成果由劳动者个人占有和支配的市场经营主体。

（1）设立个体工商户的条件。

①有经营能力的城镇待业人员、农村村民以及国家政策允许的其他人员。

②申请人必须具备与经营项目相应的资金、经营场地、经营能力及业务技术。

（2）优势。

①对注册资金实行申报制，没有最低限额基本要求。

②注册手续简单，费用低，税收负担轻。

（3）劣势。

①信誉较低，很难获得银行大额贷款。

②经营规模小，发展速度慢。

③管理不规范，有的个体工商户甚至对经营所得与工资所得都不加以区分。

2. 个人独资企业

个人独资企业是指依照《个人独资企业法》在我国境内设立的由一个自然人投资，财产为投资人个人所有，投资人以其个人财产对企业的债务承担无限责任的经营实体。

（1）设立个人独资企业应具备的条件。

①投资人为一个自然人。

②有合适的企业名称。

③有投资人申报的出资额。

④有固定的生产经营场所和必要的生产经营条件。

（2）优势。

①注册手续简单，费用低。

②决策自主。企业所有事务由投资人说了算，不用开会研究，也不用向董事会和股东大会作出说明，创业者可以根据市场变化情况随时调整经营方向。

③税收负担较轻。由于企业为个人所有，企业所得即个人所得，因此只征收企业所得税而免征个人所得税。

（3）劣势。

①资产有限，企业的全部家当就是个人资产，很难有大的发展。

②缺乏规范的企业管理。

3. 合伙企业

合伙企业是指依照《中华人民共和国合伙企业法》在中国境内设立的由各合伙人订立合伙协议，共同出资，合伙经营，共享收益，共担风险，并对合伙企业债务承担无限连带责任的营利性组织。

（1）设立合伙企业应具备的条件。

①合伙人应为两个以上具有完全民事行为能力的自然人，并且都是依法承担无限责任者。

②有书面合伙协议。

③有各合伙人实际缴付的出资。

④有合伙企业的名称。

⑤有经营场所和从事合伙经营的必要条件。

（2）优势。

①注册手续简便，费用低。注册方式与独资企业类似，关键在于合伙人之间的共同协议，合伙企业运行的法律依据就是他们之间的协议。

②有限合伙承担有限责任，易吸引资金和人才。合伙企业最大的风险就是无限责任。有限责任有效地解决了这个问题。一方面，合伙企业通过普通合伙人经营管理并承担无限责任，保持合伙组织结构简单、管理费用较低及决策效率高等优点；另一方面，可以吸引那些不愿承担无限责任的人向企业投资，也可以吸引企业所需要的人才。

③税收较低。和独资企业一样，只需要缴纳企业所得税，不用缴纳个人所得税。年营业额3万元以下的，税率18%；年营业额3~10万元，税率27%；年营业额10万元以上的，税率33%。

（3）劣势。

①无限责任。合伙企业最大的风险就是无限责任，同时还有连带责任。一旦合伙人中某一人经营失误，则所有合伙人都被连累。因此合伙人的选择和合伙协议的拟定就相当重要。有人认为连带责任可以在合伙协议中用相应的条款规定分担比例，减少个人风险，债权人可以根据自己的清偿权益，请求合伙人中的一人或几人承担全部清偿责任。

②易内耗。公司是资本说了算，而合伙企业各合伙人平均享有权利，这是它的优点，但也会带来问题。合伙人一旦有隙，企业决策就难达成一致意见，互相推诿，导致业务开展困难。如果合伙人品质有问题，则更是后患无穷。

③合伙人财产转让困难。由于合伙人的财产转让影响合伙企业和合伙人的切身利益，而不是采取少数人服从多数人的原则。退伙也存在这个问题，除非在拟定合伙协议时有明确规定否则很难抽身而退。

4．有限责任公司

有限责任公司是依照《中华人民共和国公司法》设立的，股东以其出资额为限对公司承担责任，公司以其全部财产对公司债务承担责任的经营实体。

（1）设立有限责任公司应具备的条件。

①股东为2个以上（含2个），50个以下（含50个）。

②股东出资达到法定资本的最低限额。

注册资本最低限额分别为：

A．科技开发、咨询、服务性公司为10万元人民币；

B．以商品零售为主的公司为30万元人民币；

C．以生产经营或商品批发为主的公司为50万元人民币。

特定行业的注册资本最低限额高于上述限额的，由法律法规另行规定。

公司注册资本超出法律、法规规定的最低限额部分，可以分期缴付。超出部分一次性缴付的，应当在公司设立之日起 1 年内缴足。超出部分分两期缴付的，第一期应当在公司设立之日起 6 个月内缴付未缴部分的 50%，第二期应当在公司设立之日起 3 年内全部缴足。

③股东共同制定公司章程。

④有公司名称，建立符合公司要求的组织机构。公司的名称应符合名称登记管理有关规定，名称中标明"有限责任公司"或"有限公司"字样。公司的组织机构为股东会、董事会（执行董事）、监事会（监事）、经理。

⑤有固定的生产经营场所和必要的生产经营条件。

（2）优势。

①有限责任。由于拥有法人资格，天大的责任由法人承担，股东个人承担的责任仅仅以所出的股本为限，其他个人资产不受牵连，降低了个人投资风险。

①运行稳定。注册有限责任公司时，要求拥有完善的管理和财务制度，同时股东入股后不得抽回资金，这就在法律上保证了充裕的资金和健全的运行机制，不会因为个别股东的变故而使企业产生动荡。

（3）劣势。

①注册手续复杂，费用高。注册有限责任公司必须经过严格审查，费用比较高，主要是获取相关的注册文件和验资费用。

②税收较高。一方面要缴纳企业所得税，另一方面还要缴纳个人所得税。

③不能撤回资金，转让困难。股东一旦出资就不能撤回资金，股东只能享受收益，不能随便转让股本。

④信贷信誉不高，发展空间有限。

根据统计，我国有三分之二的企业采用公司的形式。如果考虑到综合成本与收益，一般营业额 3 万元以下者可以选用个体工商户或独资企业；营业额 3~10 万元者可以采用合伙企业；10~15 万元者，可以选择合伙企业和有限责任公司的形式。

三、公司注册登记流程

1. 办理企业名称核准

（1）名称预先登记。

企业名称应当由行政区划、字号、行业、组织形式依次组成，法律法规另有规定的除外。如北京安泰新世纪信息技术有限公司，"北京"为行政区划，"安泰新世纪"为字号，"信息技术"为行业，"有限公司"为组织形式。

（2）名称预先登记应提交的文件与证件。

①《名称（变更）预先核准申请书》（预取新公司名称 1~6 个）。

②股东身份证明复印件（自然人出具身份证复印件，法人股东出具营业执照复印件加盖公章）。

（3）企业设立登记提交的文件与证件（略）。

工商注册登记审批程序包括前后相连的五个阶段，即受理、审查、核准、发照、公告。

（1）受理。申请登记的单位应提交的文件、证件和填报的注册登记书齐备后，方可受理，否则不予受理。

（2）审查。审查提交的文件、证件和填报的注册登记书的真实性、合法性、有效性，并核实有关登记事项和开办条件。

（3）核准。经过审查和核实后，作出核准登记或不予核准登记的决定，并及时通知申请登记的单位。

（4）发照。对核准登记的申请单位，应分别颁发有关证照，及时通知法定代表人（负责人）领取证照，并办理法定代表人签字备案手续。

（5）公告。对核准登记注册的企业法人，由登记主管机关发布公告。

2. 刻章

企业应在取得工商部门核发营业执照后前往公安局指定地点刻制公章。刻章时，需携带相关的证件、文件。企业单位刻章须有上级主管部门单位介绍信和工商营业执照。

凡无上级主管部门的股份制（含股份合作制）企业，社会集资、集体所有制企业，联合企业，私营企业，个体工商户，须有营业执照副本，法定代表人身份证复印件备案，并由法人代表亲自办理。

3. 办理代码证书

企业应自领取营业执照或许可证照之日起 30 日内前往技术监督局办理企业代码证书。

4. 税务登记

根据《中华人民共和国税收征收管理法》的规定，企业应在取得工商部门核发的营业执照后 30 天内办理税务登记；不需办理营业执照的企业则应自有关部门批准之日起 30 日内，办理税务登记。税务登记需在国家税务局和地方税务局办理。

国家税务局负责征收的税种有：①增值税；②消费税；③进口产品增值税、消费税、直接对台贸易调节税（海关代征）；④铁道、各银行总行、保险总公司集中缴纳的营业税、所得税、城市维护建设税；⑤中央企业所得税；⑥地方银行、外资银行、非银行金融企业所得税；⑦海洋石油企业所得税、资源税；⑧证券交易税；⑨境内外商投资企业和外国企业的增值税、消费税、所得税；⑩出口产品退税管理；⑪集贸市场和个体户的增值税、消费税；⑫中央税的滞补罚收入；⑬按中央税、中央地方共享税附征的教育费附加。

地税系统负责征收管理的税种有：①营业税；②个人所得税；③土地增值税；④城市维护建设税；⑤车辆使用税；⑥房产税；⑦屠宰税；⑧资源税；⑨城镇土地使用税；⑩固定资产投资方向调节税；⑪地方企业所得税；⑫印花税；⑬筵席税；⑭地方税的滞补罚收入；⑮地方营业税附征的教育费附加。

如果设立的企业从事生产经营，则办理开业税务登记；如果设立的企业是从事生产经营但非独立核算的分支机构或非从事生产经营，负有纳税义务和代扣代缴义务的纳税人，则办理注册税务登记。

附　录

中华人民共和国职业教育法

1996 年 5 月 15 日第八届全国人民代表大会常务委员会第十九次会议通过

1996 年 5 月 15 日中华人民共和国主席令第六十九号公布

自 1996 年 9 月 1 日起施行

第一章　总　则

第一条　为了实施科教兴国战略，发展职业教育，提高劳动者素质，促进社会主义现代化建设，根据教育法和劳动法，制定本法。

第二条　本法适用于各级各类职业学校教育和各种形式的职业培训。国家机关实施的对国家机关工作人员的专门培训由法律、行政法规另行规定。

第三条　职业教育是国家教育事业的重要组成部分，是促进经济、社会发展和劳动就业的重要途径。

国家发展职业教育，推进职业教育改革，提高职业教育质量，建立健全适应社会主义市场经济和社会进步需要的职业教育制度。

第四条　实施职业教育必须贯彻国家教育方针，对受教育者进行思想政治教育和职业道德教育，传授职业知识，培养职业技能，进行职业指导，全面提高受教育者的素质。

第五条　公民有依法接受职业教育的权利。

第六条　各级人民政府应当将发展职业教育纳入国民经济和社会发展规划。

行业组织和企业、事业组织应当依法履行实施职业教育的义务。

第七条　国家采取措施，发展农村职业教育，扶持少数民族地区、边远贫困地区职业教育的发展。

国家采取措施，帮助妇女接受职业教育，组织失业人员接受各种形式的职业教育，扶持残疾人职业教育的发展。

第八条　实施职业教育应当根据实际需要，同国家制定的职业分类和职业等级标准相适应，实行学历证书、培训证书和职业资格证书制度。

国家实行劳动者在就业前或者上岗前接受必要的职业教育的制度。

第九条　国家鼓励并组织职业教育的科学研究。

第十条　国家对在职业教育中作出显著成绩的单位和个人给予奖励。

第十一条　国务院教育行政部门负责职业教育工作的统筹规划、综合协调、宏观管理。

国务院教育行政部门、劳动行政部门和其他有关部门在国务院规定的职责范围内，分别负责有关的职业教育工作。

县级以上地方各级人民政府应当加强对本行政区域内职业教育工作的领导、统筹协调和督导评估。

第二章　职业教育体系

第十二条　国家根据不同地区的经济发展水平和教育普及程度，实施以初中后为重点的不同阶段的教育分流，建立、健全职业学校教育与职业培训并举，并与其他教育相互沟通、协调发展的职业教育体系。

第十三条　职业学校教育分为初等、中等、高等职业学校教育。

初等、中等职业学校教育分别由初等、中等职业学校实施；高等职业学校教育根据需要和条件由高等职业学校实施，或者由普通高等学校实施。其他学校按照教育行政部门的统筹规划，可以实施同层次的职业学校教育。

第十四条　职业培训包括从业前培训、转业培训、学徒培训、在岗培训、转岗培训及其他职业性培训，可以根据实际情况分为初级、中级、高级职业培训。

职业培训分别由相应的职业培训机构、职业学校实施。

其他学校或者教育机构可以根据办学能力，开展面向社会的、多种形式的职业培训。

第十五条　残疾人职业教育除由残疾人教育机构实施外，各级各类职业学校和职业培训机构及其他教育机构应当按照国家有关规定接纳残疾学生。

第十六条　普通中学可以因地制宜地开设职业教育的课程，或者根据实际需要适当增加职业教育的教学内容。

第三章　职业教育的实施

第十七条　县级以上地方各级人民政府应当举办发挥骨干和示范作用的职业学校、职业培训机构，对农村、企业、事业组织、社会团体、其他社会组织及公民个人依法举办的职业学校和职业培训机构给予指导和扶持。

第十八条　县级人民政府应当适应农村经济、科学技术、教育统筹发展的需要，举办多种形式的职业教育，开展实用技术的培训，促进农村职业教育的发展。

第十九条　政府主管部门、行业组织应当举办或者联合举办职业学校、职业培训机构，组织、协调、指导本行业的企业、事业组织举办职业学校、职业培训机构。

国家鼓励运用现代化教学手段发展职业教育。

第二十条　企业应当根据本单位的实际，有计划地对本单位的职工和准备录用的人员实施职业教育。

企业可以单独举办或者联合举办职业学校、职业培训机构，也可以委托学校、职业培训机构对本单位的职工和准备录用的人员实施职业教育。

从事技术工种的职工上岗前必须经过培训；从事特种作业的职工必须经过培训，并取得特种作业资格。

第二十一条　国家鼓励事业组织、社会团体、其他社会组织及公民个人按照国家有关规定举办职业学校、职业培训机构。

境外的组织和个人在中国境内举办职业学校、职业培训机构的办法，由国务院规定。

第二十二条　联合举办职业学校、职业培训机构，举办者应当签订联合办学合同。

政府主管部门、行业组织、企业、事业组织委托学校、职业培训机构实施职业教育的，应当签订委托合同。

第二十三条　职业学校、职业培训机构实施职业教育应当实行产教结合，为本地区经济建设服务，与企业密切联系，培养实用人才和熟练劳动者。

职业学校、职业培训机构可以举办与职业教育有关的企业或者实习场所。

第二十四条　职业学校的设立，必须符合下列基本条件：

（一）有组织机构和章程；

（二）有合格的教师；

（三）有符合规定标准的教学场所，以及与职业教育相适应的设施、设备；

（四）有必备的办学资金和稳定的经费来源。

职业培训机构的设立，必须符合下列基本条件：

（一）有组织机构和管理制度；

（二）有与培训任务相适应的教师和管理人员；

（三）有与进行培训相适应的场所、设施、设备；

（四）有相应的经费。

职业学校和职业培训机构的设立、变更和终止，应当按照国家有关规定执行。

第二十五条　接受职业学校教育的学生，经学校考核合格，按照国家有关规定发给学历证书。接受职业培训的学生，经培训的职业学校或者职业培训机构考核合格，按照国家有关规定发给培训证书。

学历证书、培训证书按照国家有关规定，作为职业学校、职业培训机构的毕业生、结业生从业的凭证。

第四章　职业教育的保障条件

第二十六条　国家鼓励通过多种渠道依法筹集发展职业教育的资金。

第二十七条　省、自治区、直辖市人民政府应当制定本地区职业学校学生人数平均经费标准；国务院有关部门应当会同国务院财政部门制定本部门职业学校学生人数平均经费标准。职业学校举办者应当按照学生人数平均经费标准足额拨付职业教育经费。

各级人民政府、国务院有关部门用于举办职业学校和职业培训机构的财政性经费应当逐步增长。

任何组织和个人不得挪用、克扣职业教育的经费。

第二十八条　企业应当承担对本单位的职工和准备录用的人员进行职业教育的费用，具体办法由国务院有关部门会同国务院财政部门或者由省、自治区、直辖市人民政府依法规定。

　　第二十九条　企业未按本法第二十条的规定实施职业教育的，县级以上地方人民政府应当责令改正；拒不改正的，可以收取企业应当承担的职业教育经费，用于本地区的职业教育。

　　第三十条　省、自治区、直辖市人民政府按照教育法的有关规定决定开征的用于教育的地方附加费，可以专项或者安排一定比例用于职业教育。

　　第三十一条　各级人民政府可以将农村科学技术开发、技术推广的经费，适当用于农村职业培训。

　　第三十二条　职业学校、职业培训机构可以对接受中等、高等职业学校教育和职业培训的学生适当收取学费，对经济困难的学生和残疾学生应当酌情减免。收费办法由省、自治区、直辖市人民政府规定。

　　国家支持企业、事业组织、社会团体、其他社会组织及公民个人按照国家有关规定设立职业教育奖学金、贷学金，奖励学习成绩优秀的学生或者资助经济困难的学生。

　　第三十三条　职业学校、职业培训机构举办企业和从事社会服务的收入应当主要用于发展职业教育。

　　第三十四条　国家鼓励金融机构运用信贷手段，扶持发展职业教育。

　　第三十五条　国家鼓励企业、事业组织、社会团体、其他社会组织及公民个人对职业教育捐资助学，鼓励境外的组织和个人对职业教育提供资助和捐赠。提供的资助和捐赠，必须用于职业教育。

　　第三十六条　县级以上各级人民政府和有关部门应当将职业教育教师的培养和培训工作纳入教师队伍建设规划，保证职业教育教师队伍适应职业教育发展的需要。

　　职业学校和职业培训机构可以聘请专业技术人员、有特殊技能的人员和其他教育机构的教师担任兼职教师。有关部门和单位应当提供方便。

　　第三十七条　国务院有关部门、县级以上地方各级人民政府以及举办职业学校、职业培训机构的组织、公民个人，应当加强职业教育生产实习基地的建设。

　　企业、事业组织应当接纳职业学校和职业培训机构的学生和教师实习；对上岗实习的，应当给予适当的劳动报酬。

　　第三十八条　县级以上各级人民政府和有关部门应当建立健全职业教育服务体系，加强职业教育教材的编辑、出版和发行工作。

第五章　附　则

　　第三十九条　在职业教育活动中违反教育法规定的，应当依照教育法的有关规定给予处罚。

　　第四十条　本法自 1996 年 9 月 1 日起施行。

二〇〇七年六月二十六日

国务院关于大力发展职业教育的决定

国发〔2005〕35 号

各省、自治区、直辖市人民政府，国务院各部委、各直属机构：

2002 年全国职业教育工作会议以来，各地区、各部门认真贯彻《国务院关于大力推进职业教育改革与发展的决定》（国发〔2002〕16 号），加强了对职业教育工作的领导和支持，以就业为导向改革与发展职业教育逐步成为社会共识，职业教育规模进一步扩大，服务经济社会的能力明显增强。但从总体上看，职业教育仍然是我国教育事业的薄弱环节，发展不平衡，投入不足，办学条件比较差，办学机制以及人才培养的规模、结构、质量还不能适应经济社会发展的需要。为了进一步贯彻落实《中华人民共和国职业教育法》和《中华人民共和国劳动法》，适应全面建设小康社会对高素质劳动者和技能型人才的迫切要求，促进社会主义和谐社会建设，现就大力发展职业教育作出如下决定：

一、落实科学发展观，把发展职业教育作为经济社会发展的重要基础和教育工作的战略重点

（一）大力发展职业教育，加快人力资源开发，是落实科教兴国战略和人才强国战略，推进我国走新型工业化道路、解决"三农"问题、促进就业再就业的重大举措；是全面提高国民素质，把我国巨大的人口压力转化为人力资源优势，提升我国综合国力、构建和谐社会的重要途径；是贯彻党的教育方针，遵循教育规律，实现教育事业全面协调可持续发展的必然要求。在新形势下，各级人民政府要以邓小平理论和"三个代表"重要思想为指导，落实科学发展观，把加快职业教育，特别是加快中等职业教育发展与繁荣经济、促进就业、消除贫困、维护稳定、建设先进文化紧密结合起来，增强紧迫感和使命感，采取强有力措施，大力推动职业教育快速健康发展。

（二）明确职业教育改革发展的目标。进一步建立和完善适应社会主义市场经济体制，满足人民群众终身学习需要，与市场需求和劳动就业紧密结合，校企合作、工学结合，结构合理、形式多样，灵活开放、自主发展，有中国特色的现代职业教育体系。

"十一五"期间，继续完善"政府主导、依靠企业、充分发挥行业作用、社会力量积极参与、公办与民办共同发展"的多元办学格局和"在国务院领导下，分级管理、地方为主、政府统筹、社会参与"的管理体制。

到 2010 年，中等职业教育招生规模达到 800 万人，与普通高中招生规模大体相当；高等职业教育招生规模占高等教育招生规模的一半以上。"十一五"期间，为社会输送2500 多万名中等职业学校毕业生，1100 多万名高等职业院校毕业生。各种形式的职业培训进一步发展，每年培训城乡劳动者上亿人次，使我国劳动者的素质得到明显提高。职业教育办学条件普遍改善，师资队伍建设进一步加强，质量效益明显提高。

二、以服务社会主义现代化建设为宗旨，培养数以亿计的高素质劳动者和数以千万计的高技能专门人才

（三）职业教育要为我国走新型工业化道路，调整经济结构和转变增长方式服务。实施国家技能型人才培养培训工程，加快生产服务一线亟须的技能型人才的培养，特别是现代制造业、现代服务业紧缺的高素质高技能专门人才的培养。各地区、各部门要根据区域经济和行业发展需要，制订地方和行业技能型人才培养规划。

（四）职业教育要为农村劳动力转移服务。实施国家农村劳动力转移培训工程，促进农村劳动力合理有序转移和农民脱贫致富，提高进城农民工的职业技能，帮助他们在城镇稳定就业。

（五）职业教育要为建设社会主义新农村服务。继续强化农村"三教"统筹，促进"农科教"结合。实施农村实用人才培训工程，充分发挥农村各类职业学校、成人文化技术学校以及各种农业技术推广培训机构的作用，大范围培养农村实用型人才和技能型人才，大面积普及农业先进实用技术，大力提高农民的思想道德和科学文化素质。

（六）职业教育要为提高劳动者素质特别是职业能力服务。实施以提高职业技能为重点的成人继续教育和再就业培训工程，在企业中建立工学结合的职工教育和培训体系，面向在职职工开展普遍的、持续的文化教育和技术培训，加快培养高级工和技师，建设学习型企业。职业院校和培训机构要为就业再就业服务，面向初高中毕业生、城镇失业人员、农村转移劳动力，开展各种形式的职业技能培训和创业培训，提高他们的就业能力、工作能力、职业转换能力以及创业能力。大力发展社区教育、远程教育，通过自学考试和举办夜校、周末学校等多种形式满足人民群众多样化的学习需求。建立职业教育与其他教育相互沟通和衔接的"立交桥"，使职业教育成为终身教育体系的重要环节，促进学习型社会的建立。

三、坚持以就业为导向，深化职业教育教学改革

（七）推进职业教育办学思想的转变。坚持"以服务为宗旨、以就业为导向"的职业教育办学方针，积极推动职业教育从计划培养向市场驱动转变，从政府直接管理向宏观引导转变，从传统的升学导向向就业导向转变。促进职业教育教学与生产实践、技术推广、社会服务紧密结合，积极开展订单培养，加强职业指导和创业教育，建立和完善职业院校毕业生就业和创业服务体系，推动职业院校更好地面向社会、面向市场办学。

（八）进一步深化教育教学改革。根据市场和社会的需要，不断更新教学内容，改进教学方法。合理调整专业结构，大力发展面向新兴产业和现代服务业的专业，大力推进精品专业、精品课程和教材建设。加快建立弹性学习制度，逐步推行学分制和选修制。加强职业教育信息化建设，推进现代教育技术在教育教学中的应用。把学生的职业道德、职业能力和就业率作为考核职业院校教育教学工作的重要指标。逐步建立有别于普通教育的，具有职业教育特点的人才培养、选拔与评价的标准和制度。

（九）加强职业院校学生实践能力和职业技能的培养。高度重视实践和实训环节教学，继续实施职业教育实训基地建设计划，在重点专业领域建成2000个专业门类齐全、装备水平较高、优质资源共享的职业教育实训基地。中央财政职业教育专项资金以奖励等方式支持市场需求大、机制灵活、效益突出的实训基地建设。进一步推进学生获取职业资格证书工作。取得职业院校学历证书的毕业生，参加与所学专业相关的中级职业技能鉴定时，免除理论考核，操作技能考核合格者可获得相应的职业资格证书。到2010年，省级以上重点中等职业学校和有条件的高等职业院校都要建立职业技能鉴定机构，开展职业技能鉴定工作，其学生考核合格后，可同时获得学历证书和相应的职业资格证书。

（十）大力推行工学结合、校企合作的培养模式。与企业紧密联系，加强学生的生产实习和社会实践，改革以学校和课堂为中心的传统人才培养模式。中等职业学校在校学生最后一年要到企业等用人单位顶岗实习，高等职业院校学生实习实训时间不少于半年。建立企业接收职业院校学生实习的制度。实习期间，企业要与学校共同组织好学生的相关专业理论教学和技能实训工作，做好学生实习中的劳动保护、安全等工作，为顶岗实习的学生支付合理报酬。逐步建立和完善半工半读制度，在部分职业院校中开展学生通过半工半读实现免费接受职业教育的试点，取得经验后逐步推广。

（十一）积极开展城市对农村、东部对西部职业教育对口支援工作。要把发展职业教育作为城市与农村、东部与西部对口支援工作的重要内容。各地区要加强统筹协调，把职业教育对口支援工作与农村劳动力转移、教育扶贫、促进就业紧密结合起来。要充分利用东部地区和城市优质职业教育资源和就业市场，进一步推进东西部之间、城乡之间职业院校的联合招生、合作办学。实行更加灵活的学制，有条件地方的职业学校可以采取分阶段、分地区的办学模式，学生前1~2年在西部地区和农村学习，其余时间在东部地区和城市学习。鼓励东部和城市对西部和农村的学生跨地区学习减免学费，并提供就业帮助。

（十二）把德育工作放在首位，全面推进素质教育。坚持育人为本，突出以诚信、敬业为重点的职业道德教育。确定一批职业教育德育工作基地，选聘一批劳动模范、技术能手作为德育辅导员。加强职业院校党团组织建设，积极发展学生党团员。要发挥学校教育、家庭教育和社会教育的作用，为学生健康成长创造良好的社会环境。

四、加强基础能力建设，努力提高职业院校的办学水平和质量

（十三）建立和完善遍布城乡、灵活开放的职业教育和培训网络。在合理规划布局、整合现有资源的基础上，每个市（地）都要重点建设一所高等职业技术学校和若干所中等职业学校。每个县（市、区）都要重点办好一所起骨干示范作用的职教中心（中等职业学校）。乡镇要依托中小学、农民文化技术学校及其他培训机构开展职业教育和培训。社区要大力开展职业教育和培训服务。企业要建立健全现代企业培训制度。

（十四）加强县级职教中心建设。继续实施县级职教中心专项建设计划，国家重点扶持建设1000个县级职教中心，使其成为人力资源开发、农村劳动力转移培训、技术培训与推广、扶贫开发和普及高中阶段教育的重要基地。各地区要安排资金改善县级职教中心办学条件。

（十五）加强示范性职业院校建设。实施职业教育示范性院校建设计划，在整合资源、深化改革、创新机制的基础上，重点建设高水平的培养高素质技能型人才的1000所示范性中等职业学校和100所示范性高等职业院校。大力提升这些学校培养高素质技能型人才的能力，促进他们在深化改革、创新体制和机制中起到示范作用，带动全国职业院校办出特色，提高水平。2010年以前，原则上中等职业学校不升格为高等职业院校或并入高等学校，专科层次的职业院校不升格为本科院校。

（十六）加强师资队伍建设。实施职业院校教师素质提高计划，地方各级财政要继续支持职业教育师资培养培训基地建设和师资培训工作。建立职业教育教师到企业实践制度，专业教师每两年必须有两个月到企业或生产服务一线实践。制定和完善职业教育兼职

面向社会聘用工程技术人员、高技能人才担任专业课教师或

教师聘用政策，支持职业"型"教师队伍建设。职业院校中实践性较强的专业教师，可按
实习指导教师。加强　例的规定，申请评定第二个专业技术资格，也可根据有关规定
照相应专业技术职　证书。
申请取得相应的　取革与创新，增强职业教育发展活力
五、积极推　业学校办学体制改革与创新。公办职业学校要积极吸纳民间资本
（十七）　有制为主导、产权明晰、多种所有制并存的办学体制。推动公办职
和境外资金　学，形成前校后厂（场）、校企合一的办学实体。推动公办职业学校
业学校与　规模化、集团化、连锁化办学的路子。要发挥公办职业学校在职业教
资源整　公办职业学校以人事分配制度改革为重点的内部管理体制改革。进一步
育办学自主权。中等职业学校实行校长负责制和聘任制，高等职业院校实行
长负责制和任期制。全面推行教职工全员聘用制和岗位管理制度，建立能
稳定人才、合理流动的制度。深化内部收入分配改革，将教职工收入与学校
位及个人贡献挂钩，调动教职工积极性。
大力发展民办职业教育。贯彻落实《中华人民共和国民办教育促进法》及其
把民办职业教育纳入职业教育发展的总体规划。加大对民办职业教育的支持力
定和完善民办学校建设用地、资金筹集的相关政策和措施。在师资队伍建设、招生
学生待遇等方面对民办职业院校与公办学校要一视同仁。依法加强对民办职业院校的管
理，规范其办学行为。扩大职业教育对外开放，借鉴国外有益经验，积极引进优质资源，
推进职业教育领域中外合作办学，努力开拓职业院校毕业生国（境）外就业市场。

六、依靠行业企业发展职业教育，推动职业院校与企业的密切结合

（二十）企业要强化职工培训，提高职工素质。要继续办好已有的职业院校，企业可
以联合举办职业院校，也可以与职业院校合作办学。企业有责任接受职业院校学生实习和
教师实践。对支付实习学生报酬的企业，给予相应税收优惠。

（二十一）要认真落实"一般企业按照职工工资总额的1.5％足额提取教育培训经费，
从业人员技术要求高、培训任务重、经济效益较好的企业，可按2.5％提取"的规定，
足额提取教育培训经费，主要用于企业职工特别是一线职工的教育和培训。企业新上项目
都要安排员工技术培训经费。

（二十二）行业主管部门和行业协会要在国家教育方针和政策指导下，开展本行业人
才需求预测，制订教育培训规划，组织和指导行业职业教育与培训工作；参与制订本行业
特有工种职业资格标准、职业技能鉴定和证书颁发工作；参与制订培训机构资质标准和从
业人员资格标准；参与国家对职业院校的教育教学评估和相关管理工作。

七、严格实行就业准入制度，完善职业资格证书制度

（二十三）用人单位招录职工必须严格执行"先培训、后就业"，"先培训、后上岗"
的规定，从取得职业学校学历证书、职业资格证书和职业培训合格证书的人员中优先录
用。要进一步完善涉及人民生命财产安全的相关职业的准入办法。劳动保障、人事和工商
等部门要加大对就业准入制度执行情况的监察力度。对违反规定、随意招录未经职业教育

或培训人员的用人单位给予处罚，并责令其限期对相关人员进⋯⋯⋯⋯有关部门要抓紧制定完善就业准入的法规和政策。

（二十四）全面推进和规范职业资格证书制度。加强对职业技⋯⋯⋯职业资格评价、职业资格证书颁发工作的指导与管理。要尽快建立⋯⋯专业技术人员动力市场需要的职业资格标准体系。⋯⋯经济发展和劳

八、多渠道增加经费投入，建立职业教育学生资助制度

（二十五）各级人民政府要加大对职业教育的支持力度，逐步增加公⋯⋯育的投入。各级财政安排的职业教育专项经费，重点支持技能型紧缺人才⋯⋯教育师资培养培训，农业和地矿等艰苦行业、中西部农村地区和少数民族地⋯⋯和成人教育发展。省级政府应当制订本地区职业院校学生人数平均经费标准。⋯⋯

（二十六）要进一步落实城市教育费附加用于职业教育的政策。从 2006 年起⋯⋯育费附加安排用于职业教育的比例，一般地区不低于 20%，已经普及九年义务⋯⋯区不低于 30%。农村科学技术开发、技术推广的经费可适当用于农村职业培训⋯⋯校和培训机构开展的下岗失业人员再就业培训可按规定享受再就业培训补贴。国家⋯⋯安排的扶贫和移民安置资金要加大对贫困地区农村劳动力培训的投入力度。国家鼓励⋯⋯业单位、社会团体和公民个人捐资助学，对通过政府部门或非赢利组织向职业教育的资⋯⋯和捐赠，按规定享受税收优惠政策。要合理确定职业院校的学费标准，确保学费收入全⋯⋯用于学校发展。要加强对职业教育经费的使用管理，提高资金的使用效益。

（二十七）建立职业教育贫困家庭学生助学制度。中央和地方财政要安排经费，资助接受中等职业教育的农村贫困家庭和城镇低收入家庭子女。中等职业学校要从学校收入中安排一定比例用于奖、助学金和学费减免，并把组织学生参加勤工俭学和半工半读作为助学的重要途径。金融机构要为贫困家庭学生接受职业教育提供助学贷款，各地区要把接受职业教育的贫困家庭学生纳入国家助学贷款资助范围。要通过助学金、奖学金、贷学金等多种形式，对贫困家庭学生和选学农业及地矿等艰苦行业职业教育的学生实行学费减免和生活费补贴。对高等职业院校学生的资助，按国家有关高等学校学生资助政策执行。

九、切实加强领导，动员全社会关心支持职业教育发展

（二十八）各级人民政府要加强对职业教育发展规划、资源配置、条件保障、政策措施的统筹管理，为职业教育提供强有力的公共服务和良好的发展环境。要从严治教，规范管理，引导职业教育健康协调可持续发展。要充分发挥职业教育工作部际联席会议的作用，统筹协调全国职业教育工作，研究解决重大问题。国务院教育行政部门负责职业教育工作的统筹规划、综合协调、宏观管理，劳动保障部门和其他有关部门在各自职责范围内，负责职业教育的有关工作。县级以上地方政府也要建立职业教育工作部门联席会议制度。

（二十九）各级人民政府要切实加强对职业教育工作的领导，把职业教育工作纳入目标管理，作为对主要领导干部进行政绩考核的重要指标，并接受人大、政协的检查和指导。建立职业教育工作定期巡视检查制度，把职业教育督导作为教育督导的重要内容，加强对职业教育的评估检查。加强职业教育科学研究工作，充分发挥社会团体和中介服务机构的作用，为职业教育宏观管理和职业院校的改革与发展服务。

142

（三十）逐步提高生产服务一线技能人才特别是高技能人才的社会地位和经济收入，实行优秀技能人才特殊奖励政策和激励办法。定期开展全国性的职业技能竞赛活动，对优胜者给予表彰奖励。大力表彰职业教育工作先进单位与先进个人。广泛宣传职业教育的重要地位和作用，宣传优秀技能人才和高素质劳动者在社会主义现代化建设中的重要贡献，提高全社会对职业教育的认识，形成全社会关心、重视和支持职业教育的良好氛围。

国务院

二〇〇五年十月二十八日

中等职业学校学生实习管理办法
教育部、财政部关于印发
《中等职业学校学生实习管理办法》的通知
（教职成〔2007〕4号）

各省、自治区、直辖市教育厅（教委）、财政厅（局），计划单列市教育局、财政局，新疆生产建设兵团教育局、财务局，有关部门（单位）教育司（局）、财务司（局）：

根据教育法律法规和国务院的有关规定，教育部、财政部制定了《中等职业学校学生实习管理办法》，现予发布，本办法自发布之日起施行。

第一条 为规范管理中等职业学校开展学生实习工作，保护实习学生的合法权益，根据《中华人民共和国教育法》、《中华人民共和国劳动法》、《中华人民共和国职业教育法》和国家有关规定，制定本办法。

第二条 中等职业学校（以下简称"学校"）学生实习，应全面贯彻国家的教育方针，实施素质教育，坚持教育与生产劳动相结合，遵循职业教育规律，培养学生职业道德和职业技能，促进学生全面发展和就业，提高教育质量。

第三条 本办法所称学生实习，主要是指中等职业学校按照专业培养目标要求和教学计划的安排，组织在校学生到企业等用人单位进行的教学实习和顶岗实习，是中等职业学校专业教学的重要内容。中等职业学校三年级学生要到生产服务一线参加顶岗实习。

第四条 学生实习由学校和实习单位共同组织和管理。学校和实习单位在安排学生实习时，要共同制订实习计划，开展专业教学和职业技能训练，组织参加相应的职业资格考试；要建立辅导员制度，定期开展团组织活动，加强思想政治教育和职业道德教育。学校和实习单位在学生实习期间，要维护学生的合法权益，确保学生在实习期间的人身安全和身心健康。

第五条 组织安排学生实习，要严格遵守国家有关法律法规，为学生实习提供必要的实习条件和安全健康的实习劳动环境。不得安排一年级学生到企业等单位顶岗实习；不得安排学生从事高空、井下、放射性、高毒、易燃易爆、国家规定的第四级体力劳动强度以

143

及其他具有安全隐患的实习劳动；不得安排学生到酒吧、夜总会、歌厅、洗浴中心等营业性娱乐场所实习；不得安排学生每天顶岗实习超过 8 小时；不得通过中介机构代理组织、安排和管理实习工作。

第六条　学校应当建立健全学生实习管理制度，要有专门的实习管理机构，要加强实习指导教师队伍建设，要建立学生实习管理档案，定期检查实习情况，处理实习中出现的有关问题，确保学生实习工作的正常秩序。

第七条　实习单位要指定专门人员负责学生实习工作，根据需要推荐安排有经验的技术或管理人员担任实习指导教师。

第八条　实习单位应向实习学生支付合理的实习报酬。学校和实习单位不得扣发或拖欠学生的实习报酬。

第九条　企业接收学生实习并支付给实习学生的报酬，按照《财政部国家税务总局关于企业支付学生实习报酬有关所得税政策问题的通知》（财税〔2006〕107 号）有关规定在计算缴纳企业所得税前扣除。

第十条　建立学校、实习单位和学生家长经常性的学生实习信息通报制度。学生到实习单位顶岗实习前，学校、实习单位和学生本人或家长应当签订书面协议，明确各方的责任、权利和义务。学生在校内参加教学实习，学校和学生本人或家长是否签订书面协议，由学校根据情况确定。

第十一条　学校安排学生赴国（境）外实习的，应当根据需要通过国家驻外有关机构了解实习环境、实习单位和实习内容等情况，必要时可派人实地考察。要选派指导教师全程参与，做好实习期间的管理和相关服务工作。

第十二条　学校和实习单位应当加强对实习学生的实习劳动安全教育，增强学生安全意识，提高其自我防护能力；要为实习学生购买意外伤害保险等相关保险，具体事宜由学校和实习单位协商办理。实习期间学生人身伤害事故的赔偿，依据《学生伤害事故处理办法》和有关法律法规处理。

第十三条　实习学生应当严格遵守学校和实习单位的规章制度，服从管理；未经学校批准，不准擅自离开实习单位；不得自行在外联系住宿；违反实习纪律的学生，应接受指导教师、学校和实习单位的批评教育，情节严重的，学校可责令其暂停实习，限期改正。学生实习考核的成绩应当作为评价学生的重要依据。

第十四条　各级教育行政部门应当加强实习管理工作，建立健全实习管理制度，加强监督检查，协调有关职能部门、实习单位和其他有关方面，共同做好实习管理工作，保证实习工作的健康、安全和有序开展。

第十五条　对积极开展中等职业学校学生顶岗实习工作、管理规范、成绩显著的学校和单位以及先进个人，给予表彰奖励。

第十六条　对不履行实习管理职责的学校和实习单位，负有管理责任的政府有关部门应当责令其限期改正，对拒不改正或者因工作失误造成重大损失的，应当对直接负责的主管人员和其他直接责任人员给予行政处分；构成犯罪的，依法追究刑事责任。

第十七条　本办法自发布之日起施行。